ESSAI
DE
PALÉOGÉOGRAPHIE

RESTAURATION DES CONTOURS DES MERS ANCIENNES
EN FRANCE ET DANS LES PAYS VOISINS

PAR

F. CANU
MEMBRE DE LA SOCIÉTÉ GÉOLOGIQUE DE FRANCE

Prix : 10 francs, Texte et Atlas

PARIS
IMPRIMERIE A. VERGER & E. BARET
83, Rue Lafayette, 83
—
1895

ESSAI

DE

PALÉOGÉOGRAPHIE

OUVRAGES DU MÊME AUTEUR

MANUEL DE MÉTÉOROLOGIE AGRICOLE. — Paris 1884. — Hetzel.

MÉTÉOROLOGIE & PRÉVISION DU TEMPS. — Paris 1887. — Le Bailly.

PRÉCIS DE MÉTÉOROLOGIE ENDOGÈNE (DYNAMIQUE TERRESTRE INTERNE). — Paris 1894. — Gauthier-Villars.

ESSAI

DE

PALÉOGÉOGRAPHIE

RESTAURATION DES CONTOURS DES MERS ANCIENNES

EN FRANCE ET DANS LES PAYS VOISINS

PAR

F. CANU

MEMBRE DE LA SOCIÉTÉ GÉOLOGIQUE DE FRANCE

PARIS

IMPRIMERIE A. VERGER & E. BARET

83, Rue Lafayette, 83

1895

PRÉFACE

La **Paléogéographie** est une branche *nouvelle* de la Science. En voici un simple *exposé*. C'est le premier en date. Les principes généraux sont exposés dans le *texte*. Les restaurations sont dessinées dans l'*atlas*.

Le texte est une ébauche. L'atlas est un essai. Il ne faut pas l'oublier. Dans les circonstances présentes nous ne pouvions mieux. Nous n'avons eu ni guide ni modèle. Nous n'avons aucune prétention.

Il était absolument nécessaire de commencer. C'est fait.

F. CANU.

Mars 1894.

Merci aux camarades Peschet et Bricher. Ils ont bien voulu me prêter le concours de leur talent.

CHAPITRE PREMIER

1. **DÉFINITION. — BUT.** — La *Paléogéographie* est une branche de la Géologie. C'est la géographie aux différentes phases géologiques.

Elle restaure les anciens rivages maritimes ou lacustres et tous les accidents géographiques passés.

Le nom paraît être de Lapparent.

2. **HISTORIQUE.** — Les vraies restaurations sont très rares. Les cartes de D'Orbigny ne peuvent être considérées comme telles. Les géologues se bornent à des indications écrites.

Les auteurs suivants ont fourni des restaurations cartographiques.

1857. Hébert. — *Bull. Soc. Géol.* Restauration du Lutetien et du Stampien.

1869. Hébert. — *Bull. Soc. Géol.* Restauration du Rhodanien et de l'Aptien dans le midi.

1872. Lyell. — *Éléments de Géologie.* Restauration des grands lacs aquitaniens du centre de la France.

1878. Saporta. — *Le Monde des Plantes.* Restaurations de l'Helvetien et du Nummulitique en Europe.

1880. Gosselet. — *Esquisse géologique du nord de la France.* Restauration du Dévonien et du Carbonifère en Belgique.

1882. G. Vasseur. — *Terrains tertiaires de la France occidentale.* Matériaux pour la restauration du canal armoricain lors du Lutetien.

1882. Guillier. — *Géologie de la Sarthe.* Restaurations de plusieurs formations dans la Sarthe.

1884. Maillard. — *Étude sur le Purbeckien du Jura.* Zurich. Restauration du grand lac purbeckien du Jura.

1885. Lapparent. — *Traité de Géologie.* Restauration du Carbonifère dans la France centrale. — 1893. Restaurations des grands glaciers quaternaires en Suisse et en Europe.

1890. Fabre. — *Bull. Soc. Géol.* Restaurations du Permien et du Trias en Languedoc.

1891. Collot. — *Bull. Soc. Géol.* Restaurations des principales formations crétacées de la Basse-Provence.

1893. Marcel Bertrand. — *Bull. Soc. Géol.* Restaurations des diverses cartes géologiques anciennes.

3. **DIVISION.** — Les principes qui permettent les restaurations sont tirés de :

a. **Paléontologie, Pétrographie, Stratigraphie.**
b. **Géologie, Géographie, Météorologie.**

Nous les avons groupés en deux chapitres. Un chapitre est consacré à la restauration des accidents topographiques et à l'analyse des mouvements du sol. Un chapitre est relatif à la nomenclature. Enfin, dans un dernier chapitre, nous discutons pour chaque époque les points délicats.

CHAPITRE II

Principes de la Classification

4. **PRINCIPE DE LA FORMATION DES ASSISES.** — En dernière analyse la dynamique externe de la Terre se réduit à des mouvements du sol et de la mer. Chacun d'eux est caractérisé par les dépôts sédimentaires contemporains.

On appelle *assise* la représentation d'un tel épisode sédimentaire. Sa faune est la caractéristique d'un *âge* déterminé. Les phases en sont marquées par les diverses *zones*. Celles-ci sont donc des subdivisions homogènes se succédant les unes aux autres.

L'étendue horizontale ou géographique d'une assise est l'emplacement même de la mer (ou lac, étang) qui l'a déposée.

Des lits, couches, strates, horizons composent une assise. Ce sont les différents facies des dépôts sédimentaires opérés par la mer considérée.

Le but spécial de la Paléogéographie est précisément la restauration de l'étendue géographique de chaque assise

Discerner les mouvements du sol des mouvements de la mer est très difficile. La simple inspection stratigraphique locale est insuffisante. Mais en définitive les phénomènes sont identiques. Mer descendante ou sol montant, mer ascendante ou sol s'affaissant, sont des phénomènes connexes. Ils se révèlent de même façon. Nous posons donc en principe et pour nous rapprocher des théories de Mayer-Eymar, et sans rien préjuger :

Les assises sont toujours formées par mer ascendante ou par mer descendante.

5. **PRINCIPE DE LA FORMATION DES ÉTAGES.** — Les *étages* sont des groupes d'assises. Ils correspondent à un intervalle de temps appelé *époque*. La division actuelle des systèmes en étages ne repose sur aucun principe fixe.

Pour Lapparent un étage est composé des assises comprises entre deux âges où la géographie terrestre a subi les modifications les plus importantes. Les sous-étages s'établissent dans les districts où les vicissitudes intermédiaires sont les plus prononcées. Nous adoptons bien volontiers cette interprétation purement paléogéographique de l'étage. Malheureusement, à l'heure actuelle, le problème est renversé. La paléogéographie n'existe en effet que par la stratigraphie. Pour Hébert, il faut toujours intercaler un terrain lacustre entre deux terrains marins d'une même formation.

Fontanes, se basant sur l'ordre de la sédimentation, établit ainsi la composition d'un étage :

Mer ascendante...	Cailloux et graviers littoraux....................	*e*
	Sables côtiers....................................	*d*
Mer montante	Vase et argile de zone plus profonde...........	*c*
	Sables côtiers....................................	*b*
	Cailloux et graviers littoraux....................	*a*

Mayer-Eymar forme ses étages de deux sous-étages. L'inférieur correspond à la plus grande extension marine. Le supérieur correspond au retrait de la mer. Chaque sous-étage ne contient qu'une assise quand le sol est immobile. Il contient plusieurs assises dans le cas de mobilité terrestre. C'est l'interprétation systématique des idées de Lapparent.

La conception nouvelle de l'étage parait donc reposer sur le principe suivant :

Tout retour de la mer aux mêmes emplacements ramène des faunes distinctes : 1° *par changement bathymétrique* (épaisseur des assises formées, mouvements marins ou terrestres) ; 2° *par changement climatérique* (contraction de la zone équatoriale).

6. **LOI COSMIQUE DE MAYER-EYMAR.** — Définition de Mayer-Eymar (1888) : *C'est l'équivalence sous le rapport chronologique des périhélies du globe et des sous-étages sédimentaires.*

La loi peut encore se formuler :

Chaque étage sédimentaire est déposé sous l'influence de ce mouvement de la Terre appelé « Déplacement du périhélie ».

7. **THÉORIE.** — Par suite du *déplacement du périhélie*, le grand axe de l'orbite terrestre tourne lentement autour du soleil. Elle se déplace tous les ans d'un angle de douze secondes. Par suite du mouvement de *précession*, la ligne des équinoxes franchit chaque année un angle de cinquante secondes. Ces deux lignes se rapprochent de soixante-deux secondes par an. La Terre passe donc à son périhélie à une date variable chaque année. Actuellement, ce passage s'effectue au 1er janvier. En 1250, la Terre passait au 21 décembre. La ligne des solstices coïncidait alors avec le grand axe de l'orbite terrestre. 5,300 ans avant, la Terre passait au 21 septembre. La coïncidense se produisait avec la ligne des équinoxes. 10,500 ans avant la date précitée, la Terre passait au 21 juin. Le mouvement est donc complet en 21,000 ans. Alors la terre passait au 21 décembre.

Par suite des *variations de l'excentricité*, les demi-périhélies (1) étaient jadis plus longues. Cependant les astronomes admettent une certaine périodicité dans ce mouvement de la Terre. L'excentricité est actuellement de 0,0168. Dans 24,000 ans elle sera minimum et de 0,0033. Alors l'orbite terrestre sera presque un cercle. Il y a 100,000 ans l'excentricité était maximum et de 0,0473. L'orbite terrestre figurait une ellipse plus allongée.

Maintenant analysons l'effet produit à la surface de la Terre.

Actuellement :	**Dans l'Hémisphère Nord**	**Dans l'Hémisphère Sud** (*saisons inverses*)
C'est l'hiver quand la Terre est au plus près du Soleil (périhélie). Donc :	*Hivers* relativement *chauds* et *courts*.	Étés relativement chauds et courts.
C'est l'été quand la Terre est au plus loin du Soleil (aphélie). Donc :	Étés relativement froids et longs.	*Hivers* relativement *froids* et *longs*.

La différence de la durée des saisons dans l'un et l'autre hémisphère est d'environ

1. Mayer-Eymar appelle ainsi la durée nécessaire (10,500 ans) pour amener la coïncidence du grand axe de l'orbite avec la ligne équinoxiale dans l'un ou dans l'autre sens. Il serait plus exact de dire : « Pendant un demi-déplacement périhélique ».

cinq jours par an. L'hémisphère sud, pendant la révolution d'une demi-périhélie, a donc 154 ans d'hiver en plus que l'autre. Il est notablement désavantagé. D'ailleurs tout ce qui tend à exagérer les saisons profite en général à la cause du froid. En effet, l'équateur thermique est dans l'hémisphère nord. La zone chaude occupe 53 % de ce dernier et 45 % seulement de l'hémisphère sud (Supan). Il en résulte une plus grande agglomération de glace au pôle sud. Celle-ci attire la mer. Cette dernière, à son tour, envahit toutes les terres basses. Elle y dépose des sédiments. Dans l'hémisphère nord, le niveau marin décroit; les lacs rétrogradent vers le sud.

Une demi-périhélie avant :	Dans l'Hémisphère Nord	Dans l'Hémisphère Sud (*saisons inverses*)
C'est l'hiver quand la Terre est au plus loin du Soleil (aphélie). Donc :	*Hivers* relativement *froids* et *longs*.	Étés relativement froids et longs.
C'est l'été quand la Terre est au plus près du Soleil (périhélie). Donc :	Étés relativement chauds et courts.	*Hivers* relativement *chauds* et *courts*.

L'hémisphère nord est manifestement désavantagé. Les glaces sont plus abondantes au pôle nord. Il y fait plus froid. Le niveau marin est plus élevé. Il est plus bas dans l'autre hémisphère. Les lacs rétrogradent vers le nord.

Donc, *dans un lieu donné, les assises marines doivent alterner avec des assises lacustres ou d'eau moins profonde*. Les phénomènes de ridement peuvent influencer l'ordre théorique. Mais nous aurons plusieurs fois l'occasion de remarquer que les deux phénomènes sont souvent synchroniques.

8. **VÉRIFICATION.** — Le système néozoïque (tertiaire) et le système crétacique sont divisés en un certain nombre d'étages. *Aucune influence théorique n'a procédé à cette division.* Elle résulte de l'observation stratigraphique même. Or, chaque sous-étage supérieur invariablement est lacustre ou d'eau moins profonde.

Dans les systèmes inférieurs, la division en étages ne coïncide pas avec la loi de Mayer-Eymar. Mais leurs assises successives, considérées indépendamment de toute coupure théorique ancienne, obéissent rigoureusement à la même loi. Nous aurons l'occasion de le démontrer maintes fois par le seul argument paléogéographique.

Au début de mes études paléogéographiques, j'ignorais la loi de Mayer-Eymar. Je voulais simplement restaurer chaque étage dans les limites assignées par les auteurs. J'aurais été forcé de faire au moins deux cartes par étage. L'une correspondait à la plus grande extension marine, l'autre à la plus faible. Pour les étages inférieurs il m'en fallait exécuter trois, quatre et même cinq (Bathonien). J'avais groupé ces dernières deux par deux, précisément dans des limites assez voisines de celles que Mayer-Eymar devait adopter plus tard dans sa classification.

9. **OBJECTION.** — L'attraction de la mer par les glaces polaires est une idée déjà ancienne d'Adhémar. Pour Mayer-Eymar, les glaces polaires font basculer l'axe terrestre. L'envahissement de la mer est la conséquence de ce mouvement.

Mais les pôles n'ont pas toujours été recouverts de glace. C'est d'observation courante. Quelle est alors la cause du mouvement marin ?

L'eau coule toujours du plus chaud vers le plus froid. (Expérience de Schlœsing). La mer est donc toujours rejetée dans l'hémisphère refroidi — mais non glacé.

Il est un fait certain. Le niveau marin n'est pas le même dans les deux hémisphères.

La meilleure preuve est l'observation barométrique. Les hautes pressions barométriques font baisser le niveau maritime. Les basses pressions le font monter. A un niveau constant de l'Océan devrait correspondre une même moyenne barométrique. Il n'en est pas ainsi. La pression atmosphérique au niveau de la mer est actuellement plus basse dans l'hémisphère désavantagé du sud, surtout à partir des tropiques. La différence croît vers les pôles. Elle est de 1 millimètre vers le 25e parallèle. Elle est au contraire de 15 millimètres sur le 55e. D'autre part, dans l'un comme dans l'autre hémisphère, la pression barométrique décroît vers les pôles. Elle est de 756 sur le 78e parallèle nord et de 744 sur le 56e parallèle sud.

La marche des eaux marines vers les pôles est donc un fait d'observation indépendant de toute théorie et de toute spéculation.

En résumé, il est un fait certain. Au point de vue paléogéographique, les restaurations doivent avant tout faire sentir les différences. Le système de Mayer-Eymar, consistant à grouper dans un même étage une grande et une petite extension marine, est préférable. La classification du savant géologue restera celle des paléogéographes.

10. **CONSÉQUENCES.** — La combinaison des mouvements marins et des mouvements terrestres se résume comme suit :

MER	SOL		PROFONDEUR DE LA MER
Montante...	S'affaissant............		Augmente beaucoup *(grandes récurrences).*
	Immobile.............		Augmente.
	S'élevant...	moins vite.	Augmente un peu.
		plus vite...	Diminue un peu.
Descendante	S'affaissant.	moins vite.	Diminue un peu.
		plus vite...	Augmente un peu.
	Immobile.............		Diminue.
	S'élevant...		Diminue beaucoup *(grandes émersions).*

TABLEAU I — CLASSIFICATIONS

CLASSIFICATION DE MAYER-EYMAR			CLASSIFICATION DE LAPPARENT 1885		
SYSTÈMES	ÉTAGES	SOUS-ÉTAGES	SOUS-ÉTAGES	ÉTAGES	SYSTÈMES
Molassique.	Saharien.	II. Époque actuelle.		Quaternaire. Pleistocène 1893.	
		I. Achenlon.			
	Arnusien.	II. Durtenin.			
		I. Cromeron.		Arnusien. Sicilien 1893.	Pliocène.
	Astien.	II. Andonin.		Astien.	
		I. Tabbianon.		Plaisancien.	
	Messinien.	II. Matérin.		Messinien.	Miocène.
		I. Billowitzon.		Pontien 1893.	
	Tortonien.	II. Stazzanin.		Sarmatien 1893.	
		I. Badenon.		Tortonien 1893.	
	Helvétien.	II. Serravallin.		Helvétien.	
		I. Grundon.			
	Langhien.	II. Saucatsin.		Langhien. Burdigalien 1893.	
		I. Leognanon.			
	Aquitanien.	II. Mérignacin.		Aquitanien.	Oligocène.
		I. Bazason.			
Nummulitique.	Tongrien.	II. Becoin.	Stampien.	Tongrien.	
		I. Spanwenon.			
	Ligurien.	II. Henisin.	Infratongrien.	Sannoisien 1893.	
		I. Montmartron.	Ligurien Ét. Ludien 1893.		Eocène.
	Bartonien.	II. Mortolin.	Bartonien. (Ét. 1893)	Parisien.	
		I. Auverson.			
	Parisien.	II. Grignonin.	Lutétien. (Ét. 1869).		
		I. Chaumonton.			

CLASSIFICATION DE MAYER-EYMAR			CLASSIFICATION DE LAPPARENT		
SYSTÈMES	ÉTAGES	SOUS-ÉTAGES	SOUS-ÉTAGES	ÉTAGES	SYSTÈMES
	Londinien.	H. Bagshotin.	Ypresien.	Suessonien.	
		I. Bognoron.			
	Soissonien.	H. Upnorin.	Sparnacien.		
		I. Thanéton.	Mandunien.		
	Garumnien.	H. Heersin.			
		I. Mentanon.	Garumnien.	Danien. — Danien 1893	Crétacé.
Crétacique inférieur.	Danien.	H. Maestrichtin.	Maestrichtien.		
		I. Meudonon.	Campanien.	Sénonien. — Aturien 1893	
	Sénonien.	H. Santonin.	Santonien.	Emscherien 1893	
		I. Cognacon.	Coniacien 1893.		
	Turonien.	H. Angoumin.	Angoumien.	Turonien.	
		I. Mornason.	Ligérien.		
	Cénomanien.	H. Carentonin.	Carentonien.	Cénomanien.	
		I. Rothomagon.	Rothomagien.		
	Albien.	H. Vraconnin.	Vraconnien.	Albien.	Infracrétacé.
		I. Argonnon.			
Crétacique supérieur.	Aptien.	H. Loppérin.	Gargasien 1893.	Aptien.	
		I. Rhodanon.	Bedoulien 1893.		
	Urgonien.	H. Donzérin.		Urgonien. Barrémien 1893	
		I. Barutelon.	Barrémien.		
	Néocomien.	H. Cruasin.	Hauterivien.	Néocomien.	
		I. Hauterivon.			
	Valenginien.	H. Altmannin.	Valanginien.		
		I. Nemausen.			
	Purbeckien.	H. Nienstedtin.	Purbeckien.		Oolithique.
		I. Munderon.			

CLASSIFICATION DE MAYER-EYMAR			CLASSIFICATION DE LAPPARENT		
SYSTÈMES	ÉTAGES	SOUS-ÉTAGES	SOUS-ÉTAGES	ÉTAGES	SYSTÈMES
Jurassique (Supérieur ou Malm).	Portlandien.	II. Bolonin.	Portlandien.	Tithonique (1).	
			Bolonien.		
		I. Solenhofon.	Virgulien.		
	Kimmeridgien.	II. Bannéin.	Séquanien.	Corallien (1).	
		I. Verdunon.			
	Séquanien.	II. Mihiélin.	Rauracien.		
		I. Fringélon.			
	Argovien.	II. Olténin.			
		I. Effingon.			
	Oxfordien.	II. Birmenstorfin.	Villersien.	Oxfordien (1).	
		I. Villerson.			
	Kellowien.	II. Divesin.	Callovien.		
		I. Niorton.			
Moyen ou Dogger.	Bathien.	II. Bedfordin.	Bradfordien.	Bathonien.	
		I. Bradfordon.			
	Vesullien.	II. Falaisin.			
		I. Cadomen.	Vésulien.		
	Bajocien	II. Scarboroughin		Bajocien.	
		I. Maconon			
	Alénien.	II. Cheltenhamin.			
		I. Gundershofon.			
Inférieur ou Lias.	Toarcien.	II. Alfeldin.		Toarcien.	Liasique.
		I. Altdorfon.			
	Charmouthien	II. Banzin.		Liasien.	
		I. Retterfon.			
	Sinémurien.	II. Lounnadin.		Sinémurien.	
		I. Ilderon.			
	Rhétien.	II. Hettangin.		Hettangien.	
		I. Koessenon.		Rhétien.	

(1) Voir les modifications p. 17.

CLASSIFICATION DE MAYER-EYMAR			CLASSIFICATION DE LAPPARENT		
SYSTÈMES	ÉTAGES	SOUS-ÉTAGES	SOUS-ÉTAGES	ÉTAGES	SYSTÈMES
Triasique.	Karnien.	II. Esinin. I. Cassianon.	Karnien.	Tyrolien.	Trias.
	Norien.	II. Halorin. I. Boudorfon.	Norien.		
	Franconien.	II. Kaistenin. I. Gœttingon.		Franconien. Virglorien 1893.	
	Balatonien.	II. Meudolin. I. Recoaron.			
	Vosagien.	II. Campilin. I. Grœdenen.		Vosgien. Werfenien 1893.	
Carbonique Supérieur ou Permien).	Thuringien.	II. Humbletonin. I. Mansfeldon.	Et. Thuringien 1893 Et. Saxonien 1893.	Permien.	Permo-Carbonifère.
	Lodévien.	II. Lébachin. I. Autunon.	Et. Autunien 1893.		
Moyen.	Stéphanien.	II. Aubinin. I. Chamondon.	Et. Stéphanien 1893.	Houiller.	
	Cévennien.	II. Ronchampin. I. Rive-de-Géron.	Et. Westphalien 1893.		
Inférieur.	Démétien.	II. Newcastlin. I. Stadtbergon.			
	Bernicien.	II. Viselin. I. Tournayon.		Anthracifère. Dinantien 1893.	
Dévonique.	Petherwinien.	II. Piltonin. I. Broumtonen.		Famennien.	Dévonien.
	Darmouthien.	II. Frasnin. I. Pethadlon.	Et. Frasnien 1893. Et. Givetien 1893.	Eifelien.	
	Plymouthien.	II. Eifelin. I. Nohnen.	Et. Eifelien 1893.		

CLASSIFICATION DE MAYER-EYMAR			CLASSIFICATION DE LAPPARENT		
SYSTÈMES	ÉTAGES	SOUS-ÉTAGES	SOUS-ÉTAGES	ÉTAGES	SYSTÈMES
	Coblencien.	II. Lyntenin.	Et. Coblencien 1893.	Rhénan.	Silurien.
		I. Ahron.	Taunusien. Et. Gédinnien 1893.		
Silurique (Supérieur).	Bostinien.	II. Holinin.	H 2, 3	Bohémien.	
		I. Serbskoon.	H 1		
	Cheinitzien.	II. Choteczin.	G 3		
		I. Branikon.	G 2		
	Ludlowien.	II. Aymestrin.	G 1		
		I. Iwanon.	F 1, 2		
	Wenlockien.	II. Lochkowin.	E 2		
		I. Butowitzon.	E 1		
Moyen.	Llandovérien.	II. Taramonin.			
		I. Goleugoëdon.	D 5	Armoricain. Ordovicien 1893.	
	Caradocien.	II. Borgholmin.	D 4		
		I. Wesenbergon.	D 3		
	Llandeilien.	II. Montgomerin.			
		I. Drabowon.	D 2		
	Trémadocien.	II. Komorowin.	D 1		
		I. Krusnaheron.	D 1 Postdamien 1893.	Scandinavien.	Cambrien.
Inférieur ou Cambrium.	Ménévien.	II. Hofin.	C 2 Acadien 1893.		
		I. Ginetzon.	C 1		
	Longmyndien.	II. Davidsin.			
		I. Llanbérison.	B Georgien 1893.	Ardennais.	
Phyllitique.					Terrain primitif.
Micaphyllitique.					
Gneissique.					

MAYER-EYMAR		LAPPARENT 1893		LAPPARENT 1885	
ÉTAGES	SOUS-ÉTAGES	ÉTAGES	SOUS-ÉTAGES	ÉTAGES	SOUS-ÉTAGES
Purbeckien	Nienstedtin.	Berriasien ou Purbeckien.	Portlandien.	Purbeckien.	Tithonique.
	Munderon.			Portlandien.	
Portlandien	Bolonin	Bononien		Bolonien.	
	Solenhofen	Virgulien.	Kimmeridgien.	Virgulien.	
Kimmeridgien.	Bannein.	Pterocerien.		Séquanien.	Corallien.
	Verdunon	Astartien.	Séquanien.		
Séquanien	Mühléin	Rauracien.			
	Hungelon.			Rauracien	
Argovien	Oléain	Argovien	Oxfordien		
	Effingon.				
Oxfordien	Birmensdorfin	Neuvizyen.		Villersien.	Oxfordien
	Villerson.	Divesien.			
Kelloweyen	Divesin	Callovien inf.	Callovien.	Callovien.	
	Norton.				

CHAPITRE III

Principes paléontologiques et stratigraphiques

11. — L'interprétation paléogéographique de l'arrangement des strates dans une assise donnée est assez difficile. L'application des lois de la dynamique terrestre actuelle présente beaucoup de difficultés.

Pour faciliter cette interprétation, nous avons construit les tableaux suivants. C'est l'ensemble des principes les plus essentiels pour la restauration d'un contour.

Ces principes n'ont rien d'absolu. Ils sont relatifs les uns par rapport aux autres. C'est la méthode de Lyell.

Nous avons essayé un tableau spécial pour les formations jurassiques. C'est une ébauche encore bien imparfaite. Ce tableau ne dispense donc pas de l'usage du tableau général.

TABLEAU I

Analyses des formations

A.' **1.** — Faune marine.

2. — Formations quartzeuses, argileuses, silicieuses, vaseuses, arénacées.

3. — Épaisseur assez grande des strates. Allures assez régulières. Uniformité de composition minéralogique.

4. — Grande solidité des roches.

= Formations marines (Voir *a*, *b*, *c*.)

....

a. — **5.** — Terebra (*c*), Murex (*c*), Cerithium (*h*), Pyramidella, Lutrina, Pullastra, Littorina, Siphonaria, Paludestrina, Lutraria, Scalaria. — Tellina, Solen, Patella, Haliotis, Lyonsia, Mya, Pandora, Mactra. — Lithophages : Pholas, Petricola, Saxicava. — Graps et Ligies. — Balanes.

6. — Coquilles roulées et brisées.

7. — Strates minces plus ou moins rigoureusement parallèles, quelquefois un peu ondulées et comme enchevêtrées les unes dans les autres.

8. — Stratification horizontale ou inclinée.

9. — Calcaire en plaquettes, conglomérat ou poudingue, sables ou grès. Éléments minéralogiques de volumes inégaux et roulés.

= *Formation côtière* (page 20).

....

b. — **10.** — Ovulum (*c*), Conus (*c*), Cassis (*c*), Buccinum (*c*), Fusus (*c*), Plenrotoma (c), Aporhaïs (*c*), Lacuna (*h*), Vacella (*h*), Emarginula (*h*), Pileopsis (*h*), Chemnitzia (*h*). — Ostrea, Lima, Arca, Nucula, Astarte, Artemis, Pholadomya, Acteon. — Bryozoa, Spongia, Brachiopoda, Hydroïda, Cidaris. — Pollicipes, Ibla (Zittel). — Foraminifères : Miliole, Truncatulina, Marginula, Tristellaria, Orbitoides, Operculina, Nummulites.

11. — Coquilles en place.

12. — Gastropodes ou Lamellibranches ou Brachiopodes dominants (Orb.).

13. — Sable à grains uniformes, non roulés quand leur dimension est inférieure à un dixième de millimètre. — Calcaire grossier, lumachelle.

= *Formation littorale* (page 21).

....

c. — **14.** — Scrobicularia, Neæra, Isocardia, Brissopsis, Terebratula, Terebratulina, Megerlea, Argiope, Oculina, Primnoa. — Crania, Thetis, Cryptodon, Yoldia, Scissurella. — Cetacés. — Pteropoda, Heteropoda. — Cephalopodes dominants.

15. — Assises régulières, puissantes, homogènes.

16. — Fossiles rares et isolés mais souvent de grandes tailles.

= *Formation pélagique* (page 23).

....

d. — **17.** — Chama, Rudistes, Coraux en bancs.

18. — Formations oolithiques ou pisolithiques.

= *Formation corralligène* (page 23).

B. — **19.** — Hydrobia, Belgrandia, Lartetia, Pyrgula, Pyrgidium. — Cyrena. — Polaindes, Murex, Cerithium, Melania, Ampullaria, Corbula.

20. — Débris de vertébrés terrestres. Coquilles terrestres. Débris de plantes. Abondance de diatomées.

21. — Sable, gravier, vase.

22. — Couches horizontales ou inclinées.

= Formations fluvio-marines (page 24).

C. — **23.** — Faune terrestre.

24. — Dépôts très variables et peu solides.

= Formations continentales (page 25).

TABLEAU II

Formation côtière

Syn. .... Niveau du balancement des marées (Orb.).
Dépôts de plages (Orb.).

Profondeur. Du niveau des plus hautes mers à celui des plus basses. Environ 10 mètres.

26.	Littorina et Patella, Murex, Mytilus, Balanes, Haliotis et Pecten	Ordre des profondeurs en commençant par la plus faible.
27.	Lutraria, Pullastra, Lyonsia, Mya	Fonds vaseux.
28.	Solen, Cardium, Ostrea, Cardium, Donax, Pandora, Mactra, Lutraria, Cerithium, Terebra, Natica, Pyramidella	Fonds sableux.
29.	Littorina, Patella, Fissurella, Haliotis, Siphonaria, Purpura	Fonds rocheux.
30.	Mollusques lithophages : Pholas, Petricola, Saxicavum	Émersion : retrait de la mer.
31.	Lit à Cerithium au-dessus d'un dépôt côtier.	Émersion : retrait de la mer.
32.	Littorina, Trochus, Murex, Purpura, Aplysia, Mytilus, Petricola, Pecten, Venus, Serpula, Echinus, Crustacés	Côtes rocailleuses souvent mises à sec
33.	Poissons, plantes dans un lit spécial intercalé	Île.
34.	Abondance de Mytilides, Mactrides, Solenides, Pholadides	Côte plate (Zittel).
35.	Grès de dunes à empreintes végétales	Mer descendante.

Pour l'interprétation des fossiles terrestres, voir le tableau page 25.

36.	— Dépôts sableux inclinés de 2 à 7-8°	Faibles marées.
37.	— Dépôts sableux inclinés de 15-20°	Fortes marées.
38.	— Sable irrégulièrement stratifié	Au-dessus du niveau des hautes mers.
39	Gros galets .... Graviers .... Sables quartzeux à éléments roulés	Dépots détritiques d'une côte soumise à l'érosion.

40 { Gros galets .... Alternance de graviers, de gros galets et de sablets .... Sables	Érosion. Fortes marées.
41. — Conglomérat ou poudingue	Falaises battues par la mer. Côte en voie d'affaissement ou mer montante. Changement d'époque.
42. — Couches horizontales de vase argile ou merne)	Golfes. Points abrités de la vague et des courants (Orb.).
43. — Cordons littoraux de galets	Côtes agitées, battues par la vague (Orb.).
44. — Sable fin	Mer légèrement agitée (Orb.)
45. — Gros sable, cailloux	Vagues et courants se font sentir (Orb.).

TABLEAU III

Formation littorale

Syn. : Points voisins des côtes (Orb.).

Zône des Laminaires (Forbes).

46. — Purpura, Ovulum, Conus, Cassis, Lacuna, Rissoa, Nacella, Trochus, Aplysia	Fonds rocheux, 0-27 mètres.
47. — Fissurella	Fonds rocheux, 27-92 mètres.
48. — Ostrea, Buccinum, Nassa, Natica	Fonds vaseux ou sableux, 0-27 m.
49. — Emarginula, Pileopsis, Chemnitzia, Buccinum, Fusus, Pleurotoma, Natica, Aporrhaïs	Fonds sableux, 27-92 mètres.
50. — Pecten, Lima, Arca, Nucula, Astarte, Artemis, Corbula	Fonds à 27-45 mètres.
51. — Nombreuses espèces de Trochus	Fonds à 18-36 mètres.
52. — Nombreuses espèces de Cardium	Fonds à 36-63 mètres.
53. — Nombreuses espèces de Pleurotoma	Fonds à 63-160 mètres.
54. — Balanes. — Bryozoa. — Spongia. — Arca, Chama, Lima, Pecten, Turbo, Murex	Fonds rocheux ou rocailleux.
55. — Mytilus, Tellina, Pholadomya, Chemnitzia	Fonds sableux ou vaseux.
56. — Foraminifères. { Milioles .... Truncatulina .... Marginula, Tristellaria	0-80 m. 50-140 m. 140-120 m. } Eaux tranquilles.

57. — Présence de Trochus	Fonds à 0-180 mètres.
58. — Serpula, Orbitoides, Operculina, Nummulites	Mer profonde baignant des côtes escarpées.
59. — Présence de Bryozoa	Eau claire.
60. — Présence de Brachiopoda	80-160 mètres.
61. — Présence de Hydroida	0-92 m. Riche végétation d'algues.
62. — Présence de Cidaris	Mer calme. Absence de courants (Prouho).
63. — Natica	0-92 mètres.
64. — Ostrea en banc	0-27 mètres.
65. — Acéphales à valves rapprochées	Dépôt rapide.
66. — Acéphales à valves isolées	Dépôt lent.
67. — Ostracées adhérant sur Gastropodes	Dépôt lent.
68. — Fossiles très bien conservés	Plages basses ou très peu inclinées des golfes tranquilles.
69. — Nombreuses coquilles présentant des traces de coloration	Mer peu profonde.
70. — Abondance de Gastropodes	Côtes découpées. Algues (Zittel).

....

70 *bis*. Lumachelles	Courant (Mayer-Eymar).
71. — Alternance de lits horizontaux et de lits à stratification oblique	Fortes marées.
72. — Lits de graviers marins en grande épaisseur.	Entrée des échancrures de la côte, spécialement le pied des caps et des pointes.
73. — Roche calcaire ou arénacée avec galets et fragments de toute espèce. Fossiles roulés, usés, éparpillés au hasard	Emplacement d'un courant.
74 { *b*. — Sable azoïque, de dune, souillé de fer, nettement distinct de la couche inférieure. Débris de bois ou de coquilles rejetées par la mer. Empreintes végétales. *a*. — Dépôt littoral ou côtier }	Les deux lits sont synchoniques. Mer descendante. — La limite de *b*, dans le sens de la haute mer est le plus bas niveau de celle-ci. Étale minimum).
75 { *b*. — Dépôt littoral ou côtier. *a*. — Sable de dune, plus ou moins impur et glauconieux, remanié ou raviné à sa limite supérieure. Limite caillouteuse. Paquets de fossiles brisés }	Les deux lits sont synchoniques. Mer ascendante. La limite de *a*, dans le sens continental, est l'étale maximum de la mer. (Plus grande extension marine).

TABLEAU IV

Formation pélagique

76. — Brissopsis, Nassa........................	Fonds à 185-500 mètres.
77. — Terebratula, Terebratulina, Megerlea, Argiope Oculina, Primnoa, Isocardia, Crania, Thetis, Cryptodon, Yoldia, Dentalium, Scissurella...	Fonds à 92-500 mètres.
78. — Nombreuses espèces de pecten............	Fonds à 109-145 mètres.
79. — Verruca, Dechelaspis, Scapellum..........	Fonds au-dessous de 183 mètres.

TABLEAU V

Formation corallienne

80. — Espèces coralliennes....................	Profondeur de 30-35 mètres. Eau très pure. Côte abrupte. Moyenne thermique annuelle de 20-25°. Moyenne thermique hivernale de 20°.
81. — Niveau de Nullipores....................	Séparation entre les parties morte et vivante du récif.
82. — Coraux reconnaissables, en place Astreæ, Meandrinæ....................	Récif intérieur.
83. — Débris de poissons dans le dépôt corallien.	Récif intérieur.
84. — Porites, Nullipores au-dessus d'un niveau à Astreides et à Millepores reposant sur le récif mort....................	Sommet d'un récif tourné du côté de la haute mer.
85. — Fungidæ, Astreidæ, Madreporidæ, sur un fond de débris coralliens apportés par la vague....................	Sommet d'un récif littoral tourné du côté de la terre.
86. — Chama, Asterie, Echinides, Éponges, Holothuries, Algues, accompagnant les coraux...	Surface des récifs extérieurs mis à nu à marée basse.
87. — Dépôt à plantes terrestres au-dessus d'un récif....................	Émersion. Si le récif est extérieur : soulèvement du sol.

....

88. — Sorte de béton compact, formé de fragments de coraux (surtout d'espèces massives) cimentés par des eaux calcaires.	Récif extérieur.
89. — Coraux en place dont les intervalles sont comblés par du sable et de la vase calcaires, formant une roche à moindre dureté et à moindre compacité.	Récif intérieur.
90. — Calcaires argileux plus ou moins impurs....	Formé entre la côte et le récif.
91. — Sable corallien en dépôt horizontal.	Dépôt de récif opéré au-dessus du niveau de la haute-mer.
92. — Calcaire oolithique.	Dépôt de plage d'un récif formé à l'air libre par le jeu des tempêtes.
93. — Calcaire compact (vase calcaire) à cassure fine et esquilleuse, sans reste organique.	Formé entre les deux récifs. Rarement au-delà du récif extérieur.
94. — Coral-rag ou agglomération de débris coralligènes cimentés par des eaux chaudes chargées d'anhydride carbonique.	Bord externe d'un récif.
95. — Calcaire à entroques	Passes entre les récifs.
96. — Calcaire sableux en petites plaquettes faisant un angle de 6 à 8° avec l'horizon.	Dépôt de plage sur un récif extérieur.
97. — Sable corallien incliné de 25 à 30°.	Pied d'un récif extérieur.
98. — Récifs l[illegible]ement étalés.	Absence de courants marins. — Mer descendante. — Faibles marées, faibles tempêtes.
99. — Côté plus élevé d'un récif.	Côté du vent dominant.
100. — Récif s'accroissant en hauteur.	Mer montante.

TABLEAU VI

Formations fluvio-marines

101. — Bissoa, Assimia, Neritina, Conovulus, Truncatella. — Couches argileuses.	Lagunes.
102. — Cytherea, Mya, Corbulomya, Lucina. Présence de Auricula, Pupa, Physa, Bithinia, Melanopsis, Planorbis	Estuaire.
103. — Sables et menus graviers en dépôts à structures entrecroisées et contenant peu ou point de coquilles	Dépôts d'estuaire en arrière de la barre. Marées.
104. — Sables ou vases en couches horizontales avec coquilles d'eau saumâtre	Dépôts d'estuaire en avant de la barre. Marées.

TABLEAU VII

Formations continentales

105. — Limnea, Planorbis, Bithinia. — Strates ordinairement minces et régulières, de structure compacte ou feuilletée. — Roches à texture variable, mais généralement moins résistante, plus lâche, plus poreuse que celle des roches marines. — Travertin, Meulière, etc........	**FORMATION LACUSTRE.**
106. — Unio, Paludines, coquilles terrestres. — Traces de ravinements. — Sables, Graviers, Conglomérats, Argiles....................	**FORMATION FLUVIALE.**
Rivière torrentielle (Coupe dans les alluvions anciennes.)	
107 *c.* — Sable et gras terreux..............	Rivière voisine de l'état de régime.
107 *b.* — Sable assez fin pourvu d'un grain très net, avec nombreuses veines de cailloux..........................	Rivière presque torentielle. Pente d'amont déjà très réduite.
107 *a.* — Gros gravier ou gravier de fond.....	Rivière torentielle creusant son lit.
Rivière non torrentielle	
108. — Limon de débordement de couleur ocreuse. Déposé dans une eau dépourvue de toute vitesse. Les éléments ne proviennent pas plus de 30 à 40 kilomètres.........................	Rivière non torrentielle.
109. — Dépôts en couches inclinées de grossiers éléments..............................	Voisinage des rives de la rivière en crue.
110. — Sable, limon..........................	Lit majeur de la rivière en crue. Eléments d'autant plus fins qu'ils sont plus éloignés des rives.
111. — Veines arénacées, limoneuses, charbonneuses..............................	Trois périodes d'une crue.
112. — Cailloux calcaires plats et lenticulaires. Silex de toutes formes revêtus d'une patine jaunâtre. Matériaux ayant une tendance à s'arrondir..............................	Lit même de la rivière.
113. — Cailloux très roulés..................	Lit même de la rivière, mais partie torrentielle.

114. — Carychium, Melampus, Pupa, Cylindrella, Nematura, Clausilia, Cyclostoma, etc........	FORMATION TERRESTRE.
115. — Succinea, Bithinia....................	Marécage.
116. — Limax, Pupa, Clausilia, Bulimus, Helix, Vitrina, Arion........................	Forêt.
117. — Carychium	Coteaux pierreux, maigres, non boisés (Bourguignat).
118. — Vitrina, Zonites, Clausilia, Pupa, Pomatia.	Endroits humides et ombragés (Bourguignat).
119. — Ferussaccia........................	Voisinage d'un fleuve.
120. — Belgrandia, Ancyclus..................	Petit ruisseau d'eau limpide.

....

121. — Fougères arborescentes..................	Température supérieure à + 10°.
122. — Hêtre............................	Température moyenne de l'hiver supérieure à 0.
123. — Palmier, Myrte, Magnola, Mimosa, Diospyros, Acacia, Eucalyptus, Phormium......	Température moyenne de l'année dépassant 20°.
124. — Erable, Tremble, Aulne, Bouleau, Sapin, Rhododendron..........................	Montagne inférieure à 2.000 mètres.
125. — Valérianes, Spirées, Véroniques..........	Voisinage des eaux limpides.
126. — Palmiers, Bombacées, Laurinées, Morées, Mimosées, Sapindacées..................	Moyenne annuelle de 22-24° (Marion).
126. — Cyperus, Typha, Sparganum, Chrysodium.	Eau de faible profondeur ....
127. — Bactridées........................	Voisinage d'un fleuve............
128. — Conifères..........................	Montagne......................

....

129. — Tuf............................	Source, cascade.
130. — Diluvium..........................	Pluies abondantes. Ruissellement.
131. — Argile à cailloux striés................	Formation glaciaire.
132. — Grande épaisseur de sable azoïque sans stratification ou à stratification variable ; grains quartzeux roulés et polis ; allios......	Dune terrestre.
133. — Strates très inclinées..................	Arrière de la dune.
134. — Conglomérat, Poudingue. — Fossiles lacustres fluviatales et terrestres.............	Formation fluvio-lacustre.

TABLEAU VIII

Formation jurassique

(Essai incomplet)

1. — Nautiles, Cératites, Squelettes de vertébrés (Orb.). — Lingulidæ, Mytilus, Éponges calcaires	Formation côtière 0-10 mètres.
....	
2. — Gastropodes ou Lamellibranches ou Brachiopodes dominantes. — Abondance d'Oursins, de Térébratules, de Célentérés (Orb.)...	*Formation littorale* 0-100 mètres.
3. — Dépôt plus riche en Lamellibranches et spatangues qu'en Ammonites...............	Voisinage du littoral (Hébert).
4. — Brachiopodes à charnières	90-180 mètres.
5. — Monactinellidæ, Tetractinellidæ	12-180 mètres.
6. — Waldheimia, Terebratula	30-500 mètres.
7. — Pleurotoma, Solaria, Patella, Metoptoma, Natica, Spirifer, Orthis, Terebratula, Turbo..	Mer peu profonde (d'Archiac).
8. — Trochus................................	0-36 mètres.
9. — Natica, Chemnitzia, Pleurotoma, Cerithium, Murex..............................	Fonds sableux à 0-92 mètres.
10. — Grand banc d'Ostracées	0-27 mètres.
11. — Astarte, Nucula	27-50 mètres.
12. — Lithisdides, Hexactinellides	180 mètres et plus bas.

Pour les formations coralliennes, voir tableau V, p. 23.

12. **USAGE DES TABLES.** — L'usage pratique de ces tableaux est très simple.

1° Le tableau I : *Analyse des formations* est consulté. La nature marine ou continentale de l'assise est ainsi déterminée.

2° Si la formation est marine, le même tableau 1 fait connaître sa nature côtière, littorale, pélagique ou corallienne.

3° Il ne reste plus qu'à réaliser l'étude détaillée au tableau convenable.

13. **NOTE SUR LA COMPLICATION DES PHÉNOMÈNES.** — Il y a des cas singulièrement difficiles. Ceux surtout où les dépôts fluvio-marins alternent avec les dépôts lacustres ou marins. Les strates sont enchevêtrées. Un même faciès saumâtre occupe des positions très diverses. Les synchronismes sont très difficiles.

En général, plus une côte est compliquée, mieux les phases sont marquées. Une même phase montante ou descendante est alors indiquée par deux et même trois assises très nettes. Tels sont le Sparnacien et le Ligurien. La solution très élégante de Gardner (Bull. Soc. Géol. 1882) peut passer pour un modèle classique d'étude.

Il faut joindre encore les complications dues : 1° à l'établissement d'un régime lacustre ; 2° au jeu des mouvements du sol ; 3° à l'établissement local de dunes importantes ; 4° à notre ignorance sur l'origine de certains dépôts. Le problème de la restauration devient alors à peu près impossible. Le Sparnacien, dans le bassin de Paris, est, pour l'instant, le type le plus parfait du dédale paléogéographique.

CHAPITRE IV

Principes géographiques, géologiques et météorologiques

14. **PRINCIPES DE D'ORBIGNY.** — **136.** Deux mers voisines communiquant entre elles, mais séparées seulement par un cap avancé vers le pôle, peuvent avoir des faunes côtières distinctes.

137. — Dans un même océan, il peut y avoir des zones côtières distinctes selon la latitude.

138. — Sous la même zone de température, sur des côtes voisines d'un même océan, les courants peuvent déterminer des faunes côtières particulières.

139. — Une faune distincte de la faune côtière du continent le plus voisin peut exister sur un archipel lorsqu'il en est séparé par une zone profonde.

140. — Les espèces identiques entre deux bassins voisins annoncent des communications directes entre eux.

15. **PRINCIPES DE LAPPARENT.** — **141.** Une barrière sous-marine s'élevant presque à la surface, établit entre deux parties contigues d'une même mer des différences tranchées dans la faune.

142. — Deux pays ayant une faune malacologique distincte sont séparés par des mers profondes.

143. — Les courbes bathymétriques forment brusquement dans le voisinage des iles ou des continents des angles rentrants au débouché des vallées. Les thalwegs d'érosion se prolongent sous la mer jusqu'à une grande distance. C'est la caractéristique d'un rivage en voie d'affaissement. Ces vallées sous-marines ont été formées antérieurement à l'air libre.

La connaissance des courbes bathymétriques est donc précieuse. 1° Les rivages sont parallèles aux courbes convexes. 2° Les angles rentrants indiquent des vallées d'érosion qui se prolongent sur le continent. La présence d'espèces saumâtres indiquent très certainement la présence d'un fleuve.

16. **PRINCIPES DE BELGRAND.** — **144.** Un terrain imperméable est sillonné par de nombreux ruisseaux. Ils sont le plus souvent éphémères. — Manifestations vitales peu favorisées.

145. — Quand un terrain est absorbant, les ruisseaux sont rares. Ils se trouvent au fond des grandes vallées. Ils ne tarissent guère. — Manifestations vitales favorisées.

146. — Les prairies naturelles se développent dans les terrains imperméables jusqu'au flanc des côteaux et sur le versant des montagnes.

147. — Dans les pays perméables, les prairies naturelles existent seulement sur les bords des cours d'eau dans la partie des vallées submergées par les crues.

17. **PRINCIPES MÉTÉOROLOGIQUES.** — **148.** Au-dessus d'une moyenne annuelle de 15° (jamais de neige en hiver) les isothermes se relèvent vers le pôle dans l'axe des continents, et s'abaissent vers l'équateur dans la traversée des océans.

149. — Au-dessous d'une moyenne annuelle de 15° (neige en hiver) les isothermes se relèvent vers le pôle dans l'axe des océans et s'abaissent vers l'équateur dans l'axe des continents.

150. — Un massif de haut relief agit comme réfrigérant. Dans son voisinage les isothermes s'infléchissent vers l'équateur.

18. **PRINCIPE DES AFFLEUREMENTS EXTRÊMES.** — Les cartes géologiques sont actuellement très précieuses en paléogéographie. 1. La limite extrême des affleurements est souvent prise comme contour définitif. Ce n'est ni rigoureux ni exact, mais elle constitue une base certaine et absolue. Il est toujours facile de la modifier selon les données de l'observation. Les contours définitifs peuvent alors être très différents. Nous poserons donc en principe :

151. — Tout contour paléogéographique dérive de la ligne des affleurements extrêmes.

Notre échelle est petite. La science nouvelle présente bien des incertitudes. Nous avons donc souvent mis ce principe en application. Son importance pratique est incontestable.

19. **PRINCIPES PALÉOGÉOGRAPHIQUES.** — La comparaison des cartes entre elles mène à des principes intéressants.

Quand une mer envahit un continent, elle submerge les terres basses et remplit les dépressions. D'après les contours de cette mer la restauration topographique de l'époque précédente est partiellement possible, en admettant :

152. — Tout rivage en *on* forme une courbe de niveau des terrains en *in* précédant et suivant.

Quand une mer recule devant un continent, les eaux fluviales et lacustres envahissent les lignes de plus grande pente et les bas fonds. La connaissance de ces derniers permettent la restauration de la topographie sous-marine à l'époque précédente en admettant :

153. — Tout rivage en *in* forme une courbe bathymétrique de la mer en *on* précédente.

La comparaison des cartes successives n'est pas seule intéressante. — La comparaison des cartes successives en *in* ou en *on* indique très nettement, par les changements de contour, les effets d'érosion et de soulèvement.

Ces principes supposent exacte la classification de Mayer-Eymar. Celle-ci n'est pas définitive. Nous les avons donc appliqués rarement et dans les cas extrêmes. Mais, à une échelle plus grande, dans les cas de restauration locales, ils reprennent leur exactitude. Ils font admirablement sentir les changements topographiques. Ils permettront plus tard la restauration de bien des accidents dont il ne reste aucune trace.

20. EXEMPLES. — Discutons quelques exemples en application de ces derniers principes.

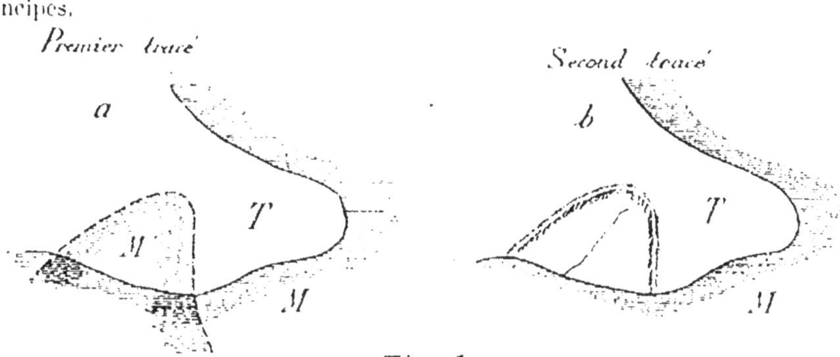

Fig. 1.

Soit un contour 1, terrestre en *T*, marin en *M* (fig. 1, *a*). Portons le contour 2, marin en *M'* de la carte suivante. Aucune trace sérieuse d'érosion est constatée. La seconde mer a simplement rempli une dépression de la formation 1. Elle révèle par son contour une ligne du niveau. La carte 1 est donc définitivement comme *b*. La présence d'espèces d'eau douce dans les dépôts côtiers de 1 indique que la vallée est parcourue par un ou plusieurs cours d'eau. La présence d'un conglomérat ne permet pas cette restauration.

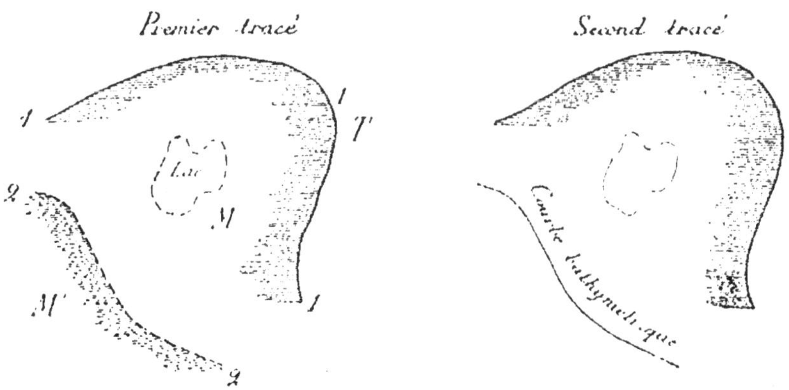

Fig. 2.

Soit un contour 1, terrestre en *T*, marin en *M* (fig. 2, *a*). Portons le contour 2, marin en *M'*, lacustre en *L*. Les eaux lacustres ont envahi les bas-fonds de la mer primitive. Celle-ci devrait être restaurée définitivement comme en *b*. Mais il ne faut pas oublier la loi de M. Bertrand. La mer nivelle toujours.

CHAPITRE V

Mouvement du sol. — Restauration des accidents topographiques.

21. LOI DE M. BERTRAND. — En général, *toutes les mers au moment où elles ont pris possession de leur emplacement actuel ont nivelé leur fond*. Les formes de ce fond résultent des mouvements postérieurs de la surface. Ils sont synchroniques des sédiments de cette mer.

La loi s'applique évidemment dans les cas de grandes récurrences marines. J'ignore sa valeur dans les cas des petites oscillations effectuées suivant la loi de Mayer-Eymard.

Les conséquences sont remarquables.

1° La surface géologique recouverte par le terrain transgressif est celle de l'époque considérée. Sa restauration révèle les mouvements du sol *antérieurs* au sédiment discordant.

2° La surface nivelée est sensiblement horizontale. Il en est de même de la base des sédiments. Tout changement actuellement observé de celle-ci résulte des mouvements *postérieurs*.

22. RÈGLE DE M. BERTRAND. — RESTAURATION DES CARTES PALÉOGÉOLOGIQUES. — La première conséquence donne un moyen de reconstituer la carte géologique du fond des mers anciennes. M. Bertrand, le premier, a formulé et appliqué la règle.

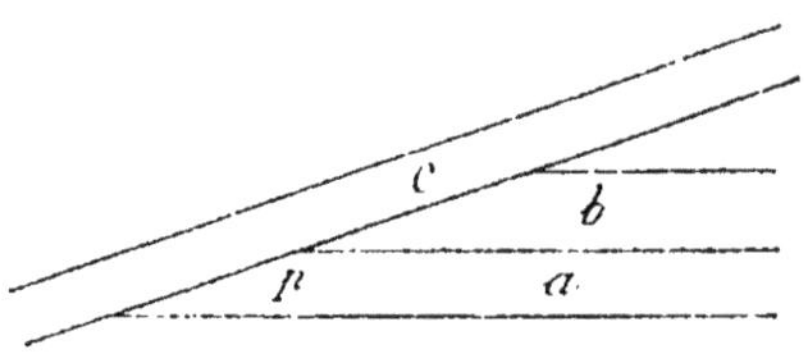

Fig. 3.

Les cartes géologiques détaillées sont employées. Considérons simplement deux dépôts *a* et *b* recouverts par un troisième *c* transgressif (fig. 3). Sur la carte géologique du fond de la mer *c* il faut :

1° Affecter d'une même teinte *t* tous les points où *c* recouvre *b* et où *b* recouvre *a*.

2° Affecter d'une autre teinte *t'* les points où *c* recouvre *a*.

Entre les deux teintes, les points p où c recouvre la ligne actuelle de contact des deux étages, sont des points de la ligne de séparation de ces deux teintes. Plus ces points sont nombreux, plus cette ligne peut être tracée avec précision. Les points connus sont joints par la ligne la plus simple possible. Celle-ci fait connaître le minimum des sinuosités décrites par l'ancienne limite d'étages.

Le travail est exécuté par tous les dépôts recouverts par le dépôt récurrent. Les ablations actuelles n'entrent pas évidemment en ligne de compte.

La carte une fois tracée, il faut interpréter les sinuosités des courbes.

Fig. 4.

Soient a et b deux couches antérieurement plissées (fig. 4). Elles ont été nivelées suivant la ligne HH'.

La simple inspection de la figure montre :

1° Un dépôt inférieur entre deux dépôts supérieurs marque un anticlinal.

2° Un dépôt supérieur entre deux dépôts inférieurs marque un synclinal.

L'axe des synclinaux et des anticlinaux s'obtient donc sur la carte en joignant les points extrêmes.

Marcel Bertrand a fait six restaurations suivant cette méthode. Nous renvoyons le lecteur à son important mémoire (*Bull. Soc. Géol.*, 3e série, t. XX, p. 118).

Cette méthode donne :

1° L'axe des ondulations terrestres *antérieures*.

2° Le sens général de la pente et conséquemment la direction vers laquelle il faut rechercher les rivages et les hauts-fonds de la mer récurrente.

23. **RÈGLE DE LAPPARENT.** — Voici une deuxième méthode. Elle fait connaître les mouvements du sol *postérieurs* au dépôt récurrent. Elle découle de la deuxième conséquence de la loi de M. Bertrand. Lapparent en a magistralement appliqué la règle dans son étude du pays de Bray.

Soit à étudier une assise donnée. Sur la carte géologique sont portées les courbes de niveau actuelles ou un très grand nombre de côtes. Les côtes de la base sont ainsi déterminées. Les mêmes côtes sont jointes par des courbes de niveau spéciales. On peut prolonger ces dernières en se servant des côtes d'affleurement des étages supérieurs combinées avec leur épaisseur moyenne dans le voisinage.

La base de l'assise était, au moment du dépôt, horizontale et au niveau de la mer. Les points maintenant plus élevés se sont donc soulevés postérieurement. Les points maintenant moins élevés se sont affaissés aussi postérieurement. Les contours des courbes font connaître les accidents.

Toute surface placée entre deux autres de moindre altitude marque l'emplacement d'un anticlinal. Toute surface comprise entre deux autres d'altitude supérieure marque l'emplacement d'un synclinal. Les indentations des courbes font connaître la direction des axes.

24. **LOI DE DOLFUS.** — La méthode de M. Bertrand et celle de Lapparent font connaître les mouvements du sol quand il y a discordance de stratification. Il est important de faire la même étude dans les cas de concordance. Il faut se baser sur la loi de Dolfus.

Les couches s'amincissent sur les flancs des anticlinaux et s'épaississent dans l'axe des synclinaux.

25. **MÉTHODE DES DIAGRAMMES D'ÉPAISSEUR. — RESTAURATION DE LA COUPE GÉOLOGIQUE A UNE ÉPOQUE DÉTERMINÉE.** — Il suffit de considérer les couches lacustres ou les couches marines déposées sous une très faible profondeur d'eau. Ces couches étaient horizontales au moment de leur dépôt.

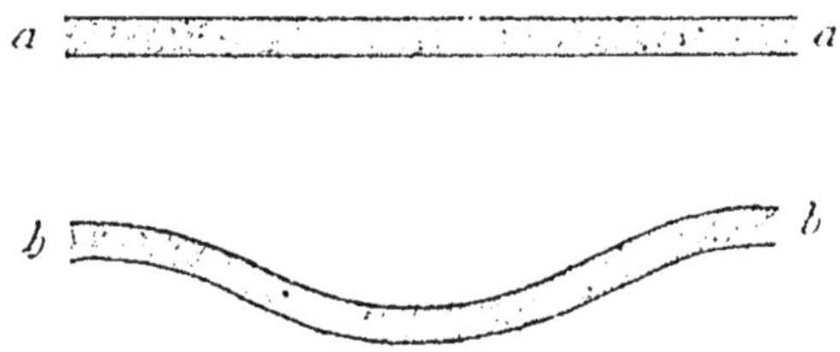

Fig. 5.

Imaginons dans une coupe deux couches a et b satisfaisant à cette condition (fig. 5). Développons horizontalement la couche supérieure a. La seconde b prend une position ordinairement ondulée. Les ondulations dépendent de l'épaisseur variable des étages qui séparent ces couches. Il suffit précisément, pour obtenir cette position, de porter en chaque point, au-dessous de a, une hauteur égale à cette différence d'épaisseur. Mais par hypothèse b était horizontale lors de son dépôt. Donc, les ondulations obtenues indiquent les mouvements qu'elle a subis dans l'intervalle de temps qui la sépare de la couche supérieure. Ces mouvements sont synchroniques des dépôts intermédiaires. La figure obtenue donne la coupe des terrains au moment du dépôt de la couche a.

Au fond, cette méthode revient tout simplement à faire un diagramme des épaisseurs relatives des terrains. Cependant il faut avoir soin de le terminer horizontalement au sommet par une couche d'eau peu profonde.

L'amincissement des couches indique les anticlinaux. Leur augmentation marque les synclinaux. Supposons une seule assise entre les deux couches d'eau peu profonde. L'interprétation est encore plus simple. L'amincissement des couches indique les hauts-fonds. Leur augmentation indique les bas-fonds. Ces accidents sont précisément synchroniques de l'assise intermédiaire considérée.

Cette méthode est extrêmement sensible. Elle permet de déterminer :

1° La continuité de la déformation.

2° L'intermittence dans l'accentuation des différents plis (Munier-Chalmas).

3° Dans beaucoup de cas, l'âge exact des plissements.

Plus encore que les autres méthodes, elle permet une restauration approchée de la topographie sous-marine.

26. **LOI DE M. BERTRAND.** — Les trois méthodes ont été simultanément appliquées par M. Bertrand. Voici les conclusions de son Mémoire désormais classique :

« *Les plissements se sont toujours reproduits aux mêmes places.* Si cette conséquence est fondée, il existe à la surface de la terre un réseau de lignes dont la place est fixée depuis l'origine des temps géologiques et suivant lesquelles se poursuit la déformation de l'écorce. » (*Loc. cit.*).

Cette conclusion intéresse directement le paléogéographe.

27. **REMARQUE.** — Les trois méthodes précédentes permettent de déterminer l'âge des plissements :

1° Dans les cas où il y a des dépôts récurrents.

2° Dans les cas où il y a des dépôts d'eau peu profonds.

Il est intéressant de rechercher une méthode plus générale. Nous y sommes parvenu. Il faut se baser sur la remarque suivante :

Dans une même assise, les couches déposées dans une même profondeur d'eau sont horizontales.

28. **GÉNÉRALISATION DE LA MÉTHODE DES DIAGRAMMES D'ÉPAISSEUR.** — Voici plusieurs localités. Une même assise s'y observe. La méthode paléontologique indique des dépôts effectués dans la zone littorale 10-27 mètres. On peut, sans erreur sensible, considérer ces localités comme ayant appartenu, au moment du dépôt, au même plan horizontal.

Dès lors la méthode des diagrammes d'épaisseur est généralisée. Il suffit de terminer ces diagrammes par un niveau déposé sous une même épaisseur d'eau. Le travail peut être effectué pour chacun des sous-étages établis suivant la loi de Mayer-Eymar. L'âge exact des plissements est exactement déterminé. Les hauts-fonds et les bas-fonds sont connus. Avec eux, grossièrement et dans leur allure, les lignes bathymétriques sont établies.

29. **RÉSUMÉ. — RESTAURATION DE LA TOPOGRAPHIE SOUS-MARINE.** — En résumé, pour restaurer la topographie sous-marine, nous disposons de plusieurs méthodes. La plus importante et la plus exacte est la méthode paléontologique (Chapitre III). Elle n'est pas toujours applicable. La méthode des diagrammes d'épaisseur, généralisée ou non, lui est ou substituée ou adjointe. A son défaut la méthode de Lapparent et celle de M. Bertrand fournissent d'utiles enseignements.

CHAPITRE VI

La pression pendant les périodes géologiques.

30. **LES CLIMATS ANCIENS.** — Les conditions météorologiques des périodes anciennes étaient très différentes. L'étude des flores fossiles le démontre.

« L'universalité d'une chaleur égale, mais non excessive durant l'époque des houilles, l'existence d'une lumière très abondante bien que diffuse, une autre composition de l'atmosphère, l'égalité parfaite de température vers 25 ou 30° et du climat, sont les conditions qui paraissent résulter de l'étude comparative des flores fossiles carbonifères. » (1).

C'est l'ère paléozoïque, la plus ancienne, qui offre donc les plus grandes différences.

Deux hypothèses principales expliquent ces observations. Celle de Saporta est la plus ancienne. Celle de Jourdanet est la plus sérieuse. Discutons d'abord cette dernière.

Remarquons avant tout :

1° Les fleurs n'avaient point d'organes colorés (Crié). Donc la lumière n'était pas très intense.

2° Les jours succédaient régulièrement aux nuits dans les régions polaires (Marion). Donc l'axe terrestre était moins incliné sur le plan de l'écliptique. C'est une preuve en faveur de la théorie de Green sur la formation tétraédrique de la terre.

31. **HYPOTHÈSE DE JOURDANET. — AUGMENTATION DE LA PRESSION ATMOSPHÉRIQUE.** — Pour Jourdanet (2), la pression atmosphérique était jadis plus grande. Cette seule influence météorologique explique les autres. Nerée-Boubée, Bordier, Paul Bert ont défendu la même idée. Aujourd'hui cette opinion est courante dans la science.

« Il n'est pas douteux, dit Lasne (3), qu'aux anciens âges géologiques les eaux ne fussent bien plus fortement chargées d'acide carbonique qu'à présent, parce que la quantité d'acide carbonique libre était beaucoup plus grande (4) et *la pression atmosphérique beaucoup plus élevée qu'actuellement.* »

32. **EFFETS THERMIQUES DE LA COMPRESSION. — UNIVERSALITÉ DE LA VÉGÉTATION.** — Pour calculer l'effet thermique de l'augmentation de pression, Jourdanet emploie la formule :

$$t = \frac{8 \times h}{100}$$

1. L. Crié. *Les Climats anciens dans l'ouest de la France.* Paris 1878.
2. Jourdanet. *La Pression et les Climats de Montagnes.* Paris 1875.
3. Lasne. *Contribution à l'étude géologique de l'Indre.* Paris, in-8, 1880.
4. Hypothèse certainement exagérée.

h est l'augmentation de la pression, *t* est celle de la température. C'est la formule employée pour corriger de la température les observations barométriques. Dans ces conditions, voici l'augmentation thermique correspondant à une augmentation barométrique de 1/3, 1/2, 2/3, 1 atmosphère.

PRESSION RÉELLE	AUGMENTATION BAROMÉTRIQUE en millimètres	AUGMENTATION BAROMÉTRIQUE en atmosphères	AUGMENTATION THERMIQUE
760	»	»	»
840	80	»	6° 4
1013	253	1/3	20, 2
1140	380	1/2	30, 4
1266	506	2/3	40, 5
1520	760	1	60, 8

Une augmentation de 2/3 d'atmosphère produit une élévation thermique de 40°. C'est la différence actuelle entre le pôle du froid et l'équateur thermique. Dans ces conditions, la gelée est impossible sous toutes les latitudes.

Ce nombre est réductible. Il faut en effet tenir compte des autres facteurs météorologiques.

Les grands continents n'étaient pas émergés. Quelques îles marquaient seulement leur emplacement actuel. Les climats étaient marins, donc ils étaient peu variables.

L'axe de la terre était peu inclinée. Les jours succédaient régulièrement aux nuits dans les contrées polaires. Donc les froids polaires étaient relativement moins intenses.

L'épaisseur atmosphérique était plus grande. Donc la lumière polaire arrivait diffusée au niveau du sol. Les crépuscules étaient plus longs.

En combinant ces diverses considérations, il est facile de conclure :

1° Les plantes tropicales devaient avoir une aire très étendue. De là l'universalité apparente de la végétation aux temps paléozoïques.

2° Une augmentation thermique de 40° n'est pas nécessaire. En fixant à une demi-atmosphère l'augmentation de la pression (= 30°) on reste dans les limites de l'observation.

33. ACTIONS ORGANIQUES. — PRESSION ET VARIATIONS PHYLOGÉNÉTIQUES. DÉDUCTIONS DE BORDIER. — Voyons maintenant les effets organiques des pressions plus élevées. L'air agit par son oxygène. Il en contient 0,21 en volume à 760. Aux pressions supposées, il en contient les nombres du tableau ci-dessous.

PRESSION RÉELLE	AUGMENTATION DE PRESSION en millimètres	AUGMENTATION DE PRESSION en atmosphères	QUANTITÉ D'OXYGÈNE
760	»	»	0,208
840	80	»	0,230
1013	253	1/3	0,277
1140	480	1/2	0,312
1266	506	2/3	0,346
1520	760	1	0,416

Bordier (1) a très bien analysé l'effet phylogénétique de la diminution barométrique à travers les âges. Il se base sur des expériences décisives. Voici ses principales conclusions :

34. **L'ouïe est très fine sous les fortes pressions.** — A l'origine, les organes compliqués n'étaient donc pas nécessaires. La complication suit exactement l'évolution. Dans les mollusques (silurien) l'ouïe est tactile. Dans les poissons (silurien) l'organe auditif est réduit au vestibule membraneux. Dans les reptiles (houiller) il est un peu plus compliqué. Dans les mammifères (jurassique supérieur) l'organe se complique de la trompe, « comme si le milieu devenant moins dense, l'audition avait besoin d'un collecteur et d'un renforceur. Conforme à la réalité des faits.

35. **L'articulation sonore est impossible sous les fortes pressions.** — Donc les animaux pleurateurs et à langage articulé sont arrivés les derniers. Conforme.

36. **Une augmentation barométrique de 10 centimètres facilite beaucoup la respiration. Une augmentation d'une demi-atmosphère la facilite un peu. Une augmentation plus forte diminue la capacité pulmonaire. La respiration n'est possible qu'avec de puissants muscles inspirateurs.** — Les animaux à respiration branchiale ont apparu les premiers. Les animaux à respiration pulmonaire apparaissent aux époques houillère et triasique. De plus, il faut fixer à 1 atm. 1/2 la pression pendant ces périodes. Nous sommes déjà arrivés à la même conclusion (p. 86). Conforme.

37. **Sous les fortes pressions le sang veineux s'artérialise** (Bucquoy). — A l'origine des organes circulatoires compliqués n'étaient pas nécessaires. Les grands sauriens avec un ventricule unique étaient très vigoureux (Liasique). Ceux dont le mélange sanguin est aortique indiquent déjà une diminution de pression (oolithique inférieur). Les animaux à double ventricule sont apparus longtemps après (oolithique supérieur). Conforme.

38. **Les fortes pressions augmentent l'appétit et la force musculaire. Elles accroissent l'intensité vitale.** — Les sauriens jurassiques étaient d'une taille extraordinaire. Cependant la taille ne paraît pas diminuer avec la pression. Le miocène et le pliocène ont vu aussi des animaux gigantesques.

Cet accord surprenant entre la théorie et le développement phylogénitique est très remarquable. La diminution barométrique est le grand facteur des variations organiques.

39. **ACTIONS SUR LA RÉPARTITION BATHYMÉTRIQUE DES ANIMAUX.** — Signalons une autre conséquence remarquable. Une atmosphère correspond à 10 mètres d'eau. Une demi-atmosphère correspond à 5 mètres d'eau. Or un grand nombre d'espèces marines côtières ou littorales sont insensibles à de telles variations de profondeur. Donc :

1° Certains genres, jadis pélagiques ou littoraux, ont pu devenir littoraux ou côtiers.

2° Il est assez exact d'appliquer aux époques anciennes la répartition bathymétrique actuelle, en se basant cependant sur plusieurs genres.

---

1. BORDIER. *Bull. Soc. Anth.* 1, II, p. 382, 1873.

3º La répartition relative restant la même, la restauration des lignes bathymétriques est possible.

4º L'ancienneté des genres de mollusques côtiers ou d'eau douce est expliquée.

5º Les genres à grande extension bathymétrique sont les plus anciens. Ils se sont montrés réfractaires aux variations de la pression atmosphérique.

En résumé, l'hypothèse de Jourdanet rend parfaitement compte de tous les effets observés. Elle est vérifiée. La pression atmosphérique a diminué depuis les temps paléozoïques.

Qu'était-elle pendant l'ère primitive azoïque? Nous n'avons pas encore de documents sérieux pour résoudre le problème.

40. **ANHYDRIDE CARBONIQUE. — EFFET SUR LA SÉDIMENTATION.** — Aux temps paléozoïques, l'air contenait plus d'anhydride carbonique. C'est encore le résultat de l'augmentation barométrique. Mais la proportion n'était pas considérable, comme l'admettent pourtant certains géologues. La proportion actuelle est de 30 litres par 100 m³ d'air. La proportion ancienne était de 45. Il n'en faut pas davantage d'ailleurs pour influencer énormément la végétation.

La quantité de sels calcaires dissous dans l'eau de mer dépend de la tension de l'anhydride carbonique dans l'atmosphère. Donc les eaux marines étaient jadis plus calcaires.

La diminution de la pression a dû, dans ces conditions, exercer une certaine action sédimentaire. Notamment les bicarbonates solubles ont été transformés en carbonates insolubles. Ceux-ci se sont déposés (1). Les dépôts se sont faits de préférence dans les zones littorale et côtière. Les échanges gazeux entre l'eau et l'air y sont nécessairement plus actifs. La valeur numérique de cette sédimentation est à étudier expérimentalement.

Si le phénomène avait réellement quelque importance, il en résulterait des conséquences remarquables. Les dépôts calcaires se feraient de préférence sur les côtes en voie d'exhaussement. L'ensablement serait la caractéristique des affaissements. Nous aurions inscrit un critérium important dans l'établissement de la classification de Mayer-Eymar. Les étages seraient plus calcaires au sommet qu'à la base. Je reprendrai ce problème dans un mémoire spécial.

41. **HYPOTHÈSE DE SAPORTA. — LA CONDENSATION SOLAIRE.** — « Une autre source d'égalisation calorifique, dit Saporta, plus efficace que toutes les autres, réside dans le soleil lui-même, dont la condensation a dû suivre la même marche que celle de notre planète et surtout s'accomplir avec une lenteur proportionnée à la masse énorme de l'astre central. Cette condensation, aujourd'hui loin de son terme final, était bien moins avancée encore lors de l'époque secondaire.

« Selon toutes les probabilités, le soleil projetait sur le ciel jurassique un disque démesuré; brillant d'une lumière plus calme que maintenant, il répandait sur les zones des clartés moins vives et une chaleur moins concentrée, mais suffisante pour égaliser les climats en éliminant l'influence des latitudes. Enfin il ne quittait l'horizon que pour y laisser après lui des crépuscules dont rien actuellement ne saurait nous donner une faible image. »

1. C'est le phénomène bien connu des fontaines incrustantes.

Cette hypothèse n'est pas propre à Saporta. C'est la systématique de tous les anciens géologues.

42. — Elle paraît bien improbable.

Les rayons solaires arrivent parallèlement sur la terre. Pour un angle de un degré seulement avec la ligne des centres, le calcul montre un soleil d'un diamètre quatre fois plus grand. Quelle immensité faut-il donc supposer au soleil pour éliminer l'influence des latitudes? Or, rien, absolument rien ne prouve une condensation si rapide de l'astre central. La période biologique n'est qu'une petite phase de la vie de la terre.

L'hypothèse est moins générale que la précédente. Elle n'explique pas, comme elle, le développement phylogénétique. Elle est invérifiable et, conséquemment, insoutenable.

43. **HYPOTHÈSE DE PHIPSON.** — L'hypothèse de Phipson est basée sur des expériences. Après avoir étudié successivement la végétation de certaines plantes dans une atmosphère d'oxygène, d'anhydride carbonique, d'hydrogène et d'azote, l'auteur conclut :

« A l'origine l'atmosphère était composée d'azote. L'oxygène y a été versé par les végétaux qui l'ont emprunté à l'anhydride carbonique. Ce dernier est un produit volcanique. » (1).

Cette hypothèse n'explique pas l'universalité de la végétation primitive, ni la haute thermalité des anciens climats. Elle est absolument contraire au développement phylogénétique. L'oxygène devenant plus abondant, les organes respiratoires et circulatoires devraient tendre à se simplifier. Ce n'est pas.

La meilleure théorie reste donc toujours celle de l'augmentation barométrique dans les anciennes périodes géologiques.

CHAPITRE VII

Nomenclature.

44. **PREMIERE RÈGLE.** — Tout accident géographique restauré doit porter un nom. Le choix de ce dernier est subordonné à certaines règles. Trois suffisent. Les autres sont identiques à celles des espèces fossiles.

Les noms d'un accident paléogéographique est tiré de la paléontologie animale ou végétale. C'est le nom du fossile dominant, caractéristique ou remarquable. C'est encore le nom du fossile caractérisant la zone stratigraphique considérée. Exemples :

Pinorum silea. Hauterivien. Pins dominants.

Nummuliticum canalis. Lutetien. Nummulités dominantes.

Sabalites silea. Lutetien. Sabals dominants.

Gyroporellæ promontorium. Franconien. Gyroporelles dominantes.

1. PHIPSON. Comptes rendus Ac. Sc. 1893.

Glypticus mare. Rauracien. Glypticus caractéristiques.
Orbitolinae canalis. Rotomagien. Orbitolines caractéristiques.
Sequoiae silva. Infractongrien. Sequoias remarquables.
Saurichthys fretum. Franconien. Saurichthys remarquables.
Humeralis mare. Pterocerien. Mer de Waldheimia humeralis (zone).
Cordatus mare. Oxfordien. Mer de Am. cordatus (zone).

45. **DEUXIÈME RÈGLE.** — *Tout accident paléogéographique restauré par un géologue et non encore dénommé, porte le nom de ce géologue si la première règle n'est pas applicable*. La responsabilité de la restauration incombe ainsi tout entière à son auteur. Exemples :

Bertrandi fretum. Jurassique. Restauré par M. Bertrand.
Collot insula. Aptien. Restauré par Collot.
Heberti canalis. Donzerien. Restauré par Hébert.
Peroni fretum. Albien. Supposé par Péron.
Benoisti flumen. Bartonien. Supposé par Benoist.
Boisteli fonticulus. Tortonien. Étudiée par Boistel.

46. **TROISIÈME RÈGLE.** — *Le nom d'un accident paléogéographique est tiré avantageusement de la dénomination géologique classique*. Cette règle est évidemment conditionnelle. Exemples :

Barrensis mare. Bolonien. Rappelle le calcaire du Barrois.
Walfinis scopulus. Virgulien. Rappelle le récif de Walfin.
Podiensis collis. Albien. Rappelle les sables de la Puisaye.
Aginensis lacus. Aquitanien. Rappelle le calcaire de l'Agenais.
Ostricourti collis. Sparnacien. Rappelle les sables d'Ostricourt.
Rognacum stagnum. Garumnien. Rappelle les couches de Rognac.

47. **EXCEPTION.** — Par exception et pour mnémonique, *pour rappeler l'étage, le sous-étage, la formation locale, son nom est donné à l'accident paléogéographique convenable*. Cette règle rentre d'ailleurs dans le cas des dénominations anciennes. Exemples :

Villersiensis mare. Villersien. Rappelle le sous-étage Villersien.
Vesulum fretum. Vesulien. Rappelle le sous-étage Vesulien.
Lutetianus sinus. Lutetien. Rappelle l'étage Lutetien.
Tavium fretum. Rotomagien. Rappelle le sous-étage local Tavien.
Bruxellense mare. Lutetien. Rappelle l'étage local Bruxellien.

48. **ANCIENNES DÉNOMINATIONS.** — Nous avons conservé les anciennes dénominations. Nous évitons ainsi les synonymes désagréables. C'est ainsi que nous avons conservé les noms donnés par Jacquot, Jaubert, Ranes, Fabre, etc. Ils sont d'ailleurs peu nombreux. Exemples :

Pictonicum fretum. Jurassique. Donné par D'Orbigny.
Sinus lactora. Helvetien. Choisi par Jacquot.
Saporta vulcanius. Plaisancien. Choisi par Ranes.
Ces noms ne rappellent rien du tout. Ils sont mauvais.

49. **IMPOSSIBILITÉS.** — Ces règles sont très générales. Elles embrassent la totalité des cas. Il existe pourtant des cas d'impossibilité. Ils sont rares. Ils résultent de l'insuffisance des observations paléontologiques. Nous avons donné provisoirement à ces sortes d'accidents le nom de la région géologique circonscrite. Exemples :

Sculterorum insula. Ile de l'Esterel.

Veronius sinus. Golfe de l'Aveyron. Nom déjà ancien.

Graticum sinus. Golfe de Gray.

Burgundiæ isthmus. Isthme de Bourgogne.

Ces noms sont provisoires.

50. **DISCUSSION.** — Lapparent préfère les noms de dédicace et les noms tirés de la géographie locale. Ils sont plus fixes. Ils évitent les synonymes. Ils ne varient pas avec les progrès de l'observation.

Les nôtres sont parfois variables. C'est leur inconvénient. Mais nous nous sommes placé au point de vue spécial de la restauration. Or le but essentiel de celle-ci est de mettre les différences en parfaite évidence. A cet égard, les règles posées ci-dessus utilisent les travaux géologiques et paléontologiques. Elles fixent les idées et font connaître la faune. Les cartes sont plus vivantes. Chacune d'entre elles possède un facies particulier. Elles sont plus intéressantes et moins arides.

Cependant, dans une science aussi récente, il faut bien se garder de poser des règles trop fixes. Elles ne répondraient peut-être pas aux besoins de l'avenir.

51. **LES NOMS LATINS.** — Les désinences latines sont embarrassantes. Comment faut-il faire accorder le nom avec l'adjectif. Pour ce dernier, les anciennes cartes géographiques latines indiquent souvent l'accusatif, très souvent l'ablatif et fréquemment le nominatif. Pour nous, la chose est peu importante. L'essentiel est d'être universellement compris. Le mot ne fait qu'appeler l'idée. Se disent également bien :

Lac Phryganes, Lac aux Phryganes ou *Lac des Phryganes, Forêt Sabals* ou *Forêt aux Sabals*, ou *Forêt des Sabals, Isthme Hébert* ou *Isthme d'Hébert*.

La plupart du temps nous avons simplement traduit le français. Le nominatif et l'accusatif nous plaisent davantage.

Il y a des cas où tout accord est impossible. Exemple : *Cordatus mare.* Mer de l'Ammonites Cordatus. L'accord ne rendrait pas compte du tout de la raison de l'emploi du nom. En général, l'accord est inutile dans les noms d'accidents tirés des noms spécifiques des espèces paléontologiques. C'est une simple convention.

Au reste des latinisants pourraient nous éclairer.

52. — Certains noms français n'ont pas d'équivalents *latins*. Le même terme *sinus* désigne un golfe, une baie, une anse, une échancrure. Par précision dans les noms de golfe, nous avons mis le nom principal en premier. Dans les noms de baie nous avons mis le nom principal en deuxième.

Ex. : *Sinus Jacquoti.* Baie de Jacquot.

Les anses, échancrures, etc., sont traduits par *angustior sinus*.

Ex. : *Villeforti angustior sinus* Gaubert. Échancrure de Villefort.

Les hauts-fonds sont traduits par *vadum*.

Les bancs organiques (d'ostracées, d'éponges, etc.) sont traduits par *cumulus*.

Les noms de dunes sont traduits par *dunæ* ou *colles*.

Les noms de lagunes sont traduits par *stagnum*. Ce mot étang est pris dans ce sens dans la géographie actuelle.

53. **RÉPÉTITION DES NOMS IDENTIQUES.** — Certains accidents paléogéographiques persistent pendant plusieurs étages. Nous leur avons donné un nom unique.

Ex. : *Scutterorum insula*. Ile de l'Esterel.

A notre avis le nom doit changer avec la carte quand les études paléontologiques le permettent.

Cependant il faut tenir compte de la nature de l'accident. Est-il bien nécessaire, par exemple, de changer à chaque carte les noms du détroit poitevin et du détroit bourguignon ?

54. **MULTIPLICITÉ DES NOMS.** — Dans les restaurations j'ai indiqué les accidents principaux. Il existe une foule d'accidents secondaires qui ne sont pas nommés. Dans les cartes de détail leur nombre augmenterait encore. Les iconographes ont une ample moisson à faire.

CHAPITRE VIII

Notes sur les Restaurations.

55. **FRANCONIEN** ou **VIRGLORIEN.** — Le Franconien de Lapparent a été démembré par Mayer-Eymar en deux étages et quatre sous-étages. Nos notes sont insuffisantes pour tenir compte de ces travaux modernes. Nous avons simplement restauré le niveau classique du Muschelkalk. Remarque importante. La plus grande partie de la France est alors émergée. Or, à des milliers d'années de distance, des dispositions semblables se sont reproduites lors de l'infracrétacé. Les rivages sont presque les mêmes. Les cartes offrent beaucoup d'analogie. Ces mouvements sont remarquables. Ils ne sont pas l'œuvre du hasard.

56. **TYROLIEN.** — Le Tyrolien de Lapparent a été démembré par Mojsisovics en deux étages et en quatre sous-étages par Mayer-Eymar. Notre carte, très provisoire d'ailleurs, correspond au niveau classique des marnes bariolées. Nous avons encadré grossièrement toutes les localités où la flore s'est montrée abondante. A part toute la côte orientale du plateau central, la carte ne paraît pas répondre à la réalité. Les cartes de détail pour l'Allemagne et la Suisse peuvent seules convenir.

57. **RHÉTIEN.** — Notre carte est celle du Rhétien dans les limites établies par Lapparent. C'est le Kœssenon de Mayer-Eymar. Rivage idéal dans l'ouest. Aucun affleurement. Pas signalé, à ma connaissance, dans l'Alsace.

58. **HETTANGIEN.** — Rivage idéal dans l'ouest. Aucun affleurement. — Existe sur le bord sud du plateau central. Mais il y est mal étudié. — Certains géologues francs-comtois enseignent l'émersion du Jura. C'était l'emplacement d'un cap avancé relié aux formations continentales du nord. Signalé en Argovie, ce terrain n'existe pas dans le Jura bernois. Il n'a jamais été trouvé dans le Jura français à l'est d'une ligne : Montbéliard, Besançon, Lons-le-Saulnier. Dans ces parages il a deux mètres d'épaisseur. Il contient : *Littorina* (côtier), *Ostrea, Pecten* (littoral supérieur). Cependant l'émergence n'est pas admise par les auteurs actuels. Nous avons donc rétabli la presqu'île en pointillé. — Pour Mayer-Eymar, l'Hettangien est le sous-étage supérieur du Rhétien. Avec ses deux niveaux à *Amm. angulatus* et à *Amm. planorbis*, il paraît constituer, en France du moins, un étage distinct. De plus, dans l'Auxois, il déborde le Rhétien. C'est contraire à la loi des étages.

59. **SINÉMURIEN.** — Rivage idéal dans l'ouest du bassin de Paris. Aucun affleurement. — La côte occidentale du plateau central est hypothétique. Les anciens auteurs y ont confondu le banc à *ostrea sublobata* (alenien) avec le calcaire à *gryphea arcuata*. — Les deux sous-étages Filderon et Lournandin sont bien réels. Mais à notre échelle, en France, les cartes sont peu différentes (Aveyron et Gard exceptés). — L'étage supérieur n'existe que dans la zone nord alpine extérieure (Mayer-Eymar).

60. **LIASIEN.** — Presque partout en récurrence sur les niveaux inférieurs. — Il serait intéressant d'étudier en détail, dans l'Aveyron, le jeu des détroits de Lodève et de Villefranche tantôt ouverts et tantôt fermés. — Restauré dans la Sarthe par Guillier. — L'étage supérieur (Banzin) n'existe que dans la zone nord alpine extérieure (Mayer-Eymar). Le Liasien comporte plusieurs niveaux au milieu desquels la loi des étages est assez difficile à reconnaître.

61. **TOARCIEN.** — Nous avons admis cet étage dans les limites établies par Mayer-Eymar. — Les deux sous-étages sont partout distincts. Les différences ne sont pas visibles à notre échelle. — Restauré dans la Sarthe par Guillier.

62. **ALÉNIEN.** — Nos notes sont insuffisantes. La plupart des anciens auteurs ont méconnu cet étage. — La carte de l'étage supérieur doit être assez différente de celle du sous-étage inférieur. Le détroit bourguignon devait y être très réduit. Car la zone à *Amm. Murchisonæ* manque dans le plateau de Langres. — Nous n'avons pas de notes relatives aux affleurements autour du Morvan. S'il était émergé, certainement un étroit chenal le séparait du plateau central. — Nous avons joint à l'Alénien le niveau à *gryphea sublobata*. Mayer-Eymar le place beaucoup trop haut, suivant différents auteurs.

63. **BAJOCIEN.** — L'oolithe ferrugineuse est un facies littoral. L'oolithe blanche, qui lui est supérieure, est d'eau plus profonde. — Le rétablissement des récifs est presque impossible. La plupart des auteurs ont appelé « calcaire à entroques, calcaire à poly-

piers », des couches qui n'en contiennent pas du tout ou qui n'ont pas le caractère corallien. — Nous avons indiqué par + les endroits où des récifs existaient incontestablement. — Restauré dans la Sarthe par Guillier.

64. **OOLITHIQUE.** — Dans un pays donné, la succession des assises oolithiques obéissent à la loi de Mayer-Eymar. Mais avec les synchronismes actuellement admis, la loi est bien moins évidente. Les coupures mêmes du savant professeur ne me satisfont pas complètement. Je propose plus loin une modification. Elle est en rapport avec mes restaurations. J'ai pu me tromper dans l'interprétation des coupes et dans les cartes elles-mêmes. Cependant, pour le cas particulier de l'oxfordien, j'ai pour moi les hautes compétences de Munier-Chalmas et de Lapparent.

Mayer-Eymar a établi sa classification sur la série des Alpes. Si l'on considère la France seulement, il faut la renverser. Les formations en *on* deviennent des formations en *in* et réciproquement. Mais les mouvements du sol ont pu être très différents de ceux des Alpes. Il y aurait là un curieux phénomène de balancement.

65. **BATHONIEN.** — L'étage bathonien des auteurs est un non-sens paléogéographique. Sa restauration est impossible (1). Nous avons admis des coupures.

Le Vésullien de Mayer-Eymar comprend le Vésullien proprement dit et la grande-oolithe. Nous avons restauré ces deux cartes.

66. — Le fait suivant est établi pour le Jura (*Bull. Soc. Géol.* 1885). Le passage du Bajocien au Bathonien se fait par assise côtière à serpules, fossiles brisés, etc. D'ailleurs aucune localité n'est citée entre Vesoul et Belfort. Faut-il admettre une île sur l'emplacement du Jura? Je le crois. Les deux faciès côtier et littoral du Vésullien proprement dit (Cadomon) sont presque partout visibles. — La carte est très embrouillée dans l'Aveyron. A étudier.

67. — La grande oolithe (Falaison) est de plus grande extension marine. La faune parait être de mer plus profonde. C'est contraire à la loi des étages. Cependant, le sous-étage manque dans les Alpes (Mayer-Eymar). Ou les synchronismes sont faux ou bien il faut admettre un phénomène de balancement. — La présence à Etrochey (Côte-d'Or) d'un lit à végétaux est inexplicable. Par la flore il se rapproche de l'oolithe de Mamers. Par la stratigraphie il est sur le niveau du Forest-Marble. La localité est située loin de tout contour de la grande oolithe. Quel est donc son véritable niveau et sa signification?

Nous n'avons pas restauré l'étage Bathien (Forest-Marble et Corn Brash).

68. **CALLOVIEN.** — L'étage Callovien comprend deux niveaux : la zone à *Amm. macrocephalus* (Niorton) et la zone à *Amm. anceps* (Divesin).

Le Callovien n'a jamais été indiqué entre Chambéry et Gap. Gilliéron (géologie de l'Italie, dit : « La mer ne parait pas avoir été en Italie perdant les époques callovienne. »

1. Dans l'édition de 1893 du *Traité de Lapparent*, le Vésulien est supprimé. Mais l'étage Bathonien entier reste compris dans les mêmes limites. — La solution de Mayer-Eymar est indiscutable au point de vue paléogéographique.

Pour Mayer-Eymar, le Corn-Brash (Bedfordin) et le Divesin manquent dans les Alpes. Hollande cite le Callovien dans les Alpes de Savoie.

Il faut donc admettre certaines périodes d'émersion alpines. Ces mouvements se sont-ils effectués suivant la loi des étages ou par oscillation du sol ? C'est ce qu'il faudrait établir nettement.

En France, loin de tout district montagneux, la classification de Mayer-Eymar est renversée. La zone inférieure à *Amm. macrocephalus* est la plus réduite. Elle n'existe pas dans les Deux-Sèvres, au sud-ouest du plateau central. Elle est très réduite à Besançon au point que différents auteurs (Lapparent nient son existence dans le Jura (1). Les deux détroits bourguignon et poitevin sont incontestablement fermés.

La zone supérieure à *Amm. anceps*, au contraire, est récurrente. Son existence géographique est plus grande. Les deux détroits sont ouverts à nouveau. La faune paraît être plus profonde en certains endroits. Tout annonce plutôt une mer montante. C'est le contraire de la formation alpine.

Dans la Sarthe, la faune échinoderme du sous-étage supérieur est très différente. Elle est plus complète. Deux espèces seulement sont communes avec la zone inférieure. Celle-ci paraît remplacer le Corn-Brash absent. Dans beaucoup de provinces françaises, le Corn-Brash et la zone à *Amm. macrocephalus* ont une même extension géographique et se lient intimement. En Angleterre, la moitié des espèces du Callovien sont communes avec l'oolithe sous-jacente. Pour ces diverses raisons, nous proposons de joindre le Corn-Brash et la zone à *Amm. macrocephalus* dans une même formation descendante en *in*. Le vrai Callovien commencerait alors avec la zone à *Amm. anceps*.

Il est un fait certain. Le détroit bourguignon s'est alternativement ouvert et fermé pendant le Bathonien et le Callovien. Il serait intéressant d'étudier la chose en détail en rayonnant autour d'Etrochey.

Nous avons restauré le Callovien à *Amm. anceps*.

69. OXFORDIEN - VILLERSIEN INFÉRIEUR. — L'Oxfordien proprement dit ou Villersien de Lapparent se divise naturellement en deux zones. Pour Mayer-Eymar, ce sont les deux sous-étages Villerson et Birmenstorfin. Nous avons restauré les deux cartes.

Faute de documents nombreux, notre restauration du Villersien inférieur (*zone à Amm. Lamberti*) est approximative. Mais elle est suffisante cependant pour servir de base à la discussion. Au point de vue paléogéographique son autonomie est certaine. Les contours, comparés à ceux des cartes précédente et suivante, sont très différents. L'extension géographique est très réduite. La classification de Mayer-Eymar est encore une fois à contre-sens. Tout annonce une mer descendante. Munier-Chalmas n'hésite pas à classer cette zone dans le Callovien. La base de l'Oxfordien devant être cherchée plus haut. Nous admettons cette manière de voir. Pour nous c'est la formation supérieure (en *in*) du Callovien. En effet la contraction marine s'observe partout. Le soulèvement du Belinois peut être invoqué dans la Sarthe. Mais dans le Gard où est l'effort orogénique. Les mouvements ont donc eu lieu suivant la loi des étages. Cependant ajou-

1. LAPPARENT (édition de 1893) suppose un bas-fond partant de Privas, reliant, en suivant le pied du Jura, le plateau central à la Forêt-Noire. Son existence expliquerait la réduction d'épaisseur observée du Bathonien et du Callovien.

tons une observation. Pour établir indubitablement la réalité de ces spéculations, il faudrait exactement retrouver sur le terrain les différents facies de chaque sous-étage et dans l'ordre de la théorie.

70. **OXFORDIEN-VILLERSIEN SUPÉRIEUR ARGOVIEN.** — La zone à *Amm. cordatus* est en récurrence plus ou moins accentuée. L'extension marine est donc plus grande. — Dans certaines localités on trouve bien *Cerithium* et *Chemnitzia*. Ce sont des conditions absolument littorales. Mais il est remarquable que ces dépôts littoraux ne révèlent rien sur la topographie et la flore terrestre. Les fossiles des vertébrés sont aussi fort rares. — Il se pourrait que le détroit de Poitiers fut un long chenal remontant jusqu'à Ingrandes. — Comme l'étage entier manque à Ardentes (Indre), il se pourrait encore que la côte nord-ouest du plateau central fût un peu plus haut sur le 47e parallèle.

Pour nous la zone à *Amm. cordatus* est bien distincte comme sous-étage. C'est la base du réel Oxfordien. La stratigraphie de la Sarthe a été invoquée contre cette hypothèse.

Voici exactement les idées de Guillier. Il synchronise avec Villers (Oxfordien inférieur) le niveau de la Vacherie. Au-dessus les sables ferrugineux (à *Amm. cordatus*) constituent le facies littoral des argiles d'eau profonde d'Aubigné. Cet ensemble constitue pour lui l'Argovien. Mais en réalité c'est plutôt l'Oxfordien supérieur. Au-dessus est le Glypticien en stratification discordante avec l'Oxfordien moyen. Il ne contient pas à sa base la zone à *Cidaris florigemma*, laquelle, pour lui, existe partout à la base du Corallien. C'est donc bien le vrai Argovien qui parait manquer. Dans certaines localités les sables ferrugineux passent insensiblement, parait il, au Corallien. Elles n'ont jamais subi d'émersion, voilà tout. Elles ne prouvent rien contre l'absence du véritable Argovien.

71. — L'Argovien des auteurs est pour nous le sous-étage supérieur de l'Oxfordien. Nous ne l'avons pas restauré, faute de documents sérieux. Mais son extension marine est incontestablement plus réduite. Mayer-Eymar en fait un étage distinct. C'est peut-être pousser l'analyse un peu loin.

TABLEAU IX

Modification à la classification de Mayer-Eymar

SUIVANT NOS CARTES PALÉOGÉOGRAPHIQUES

CLASSIFICATION DE MAYER-EYMAR		ZONES	MODIFICATIONS	
ÉTAGES	SOUS-ÉTAGES		SOUS-ÉTAGES	ÉTAGES
Sequanien.	Mihielin.	Diceras.	Mihielin.	Rauracien.
	Fringelon.	Glypticus.	Fringelon.	
Argovien.	Oltenin.	A. Canaliculatus.	Argovin.	Oxfordien.
	Effingon.			
Oxfordien.	Birmenstorfin.	A. Cordatus.	Birmenstorfon.	
	Villerson.	A. Renggeri.	Villersin.	Callovien.
Kellovien.		A. Lamberti.		
	Divesin.	A. Anceps.	Diveson	
	Niorton.	A. Macrocephalus.	Niortin.	
Bathien.	Bedfordin.	W. Lagenalis.		Bathonien.
	Bradfordon.	W. Digona.	Bradfordon.	
Vésullien.	Falaisin.	R. Decorata.	Falaisin.	Vésullien.
	Cadomon.	O. Acuminata.	Cadomon.	

Dans l'édition de 1894, Lapparent adopte une classification à peu près semblable. Son Callovien comprend, en plus, la zone à A. *Macrocephalus*. Il est divisé aussi en deux sous-étages dont le supérieur est le Divesien et l'inférieur son ancien Callovien. L'Oxfordien est absolument compris dans les mêmes limites que le nôtre. Il en est de même des deux sous-étages Neuvizyen et Argovien.

72. **CORALLIEN-RAURACIEN.** — Notre carte restaure le Rauracien de Lapparent. Les deux sous-étages Glypticien (Fringelon) et Dicératien (Mihielin) sont peu différents comme contours mais très réels. Cependant le Dicératien manque dans le Calvados (Guillier). — La flore indiquée est commune aux deux sous-étages. — Les géologues paraissent croire à l'émersion des Alpes. La présence d'Hexactinellides à Saint-Sulpice indique la présence de mers très profondes dans le voisinage. L'hypothèse, pour nous,

est peu probable. Nous ne l'admettrons qu'après une étude paléogéographique détaillée et exécutée sur place. — Restauré dans la Sarthe par Guillier.

73. **SEQUANIEN ASTARTIEN.** — Notre carte restaure le Séquanien, sens strict de Thirria. — Les Alpes avec leurs dépôts pélagigues sont manifestement submergées. — Le Séquanien de Borrèze et de Bonnecoste (Dordogne) contient des fossiles d'eau douce. Restauré dans la Sarthe par Guillier.

74. **PTÉROCÉRIEN** (1). — Le niveau à Ptérocères est assez distinct du calcaire à Astartes pour en être séparé. Son extension géographique est sensiblement différente. C'est le Bannein de Mayer-Eymar. — L'assise est souvent réunie à l'Astartien proprement dit. Dans les anciens auteurs elle est confondue avec le Virgulien, sous la rubrique de Kimmeridjien. Sa restauration exacte est donc présentement assez difficile. Notre carte tracée à l'aide des rares points de repère bien connus est approximative. — Dans l'ouest du bassin de Paris la côte est idéale. Aucun affleurement. — Les Alpes centrales n'offrent aucun affleurement. Les Alpes extérieures offrent des affleurements pélagiques. L'émersion alpine est donc peu probable. — Le contour de l'île d'Esterel est idéal. — Remarque importante. Les côtes sont parallèles ou perpendiculaires.

75. **VIRGULIEN.** — Au Tithonique d'Oppel appartient quatre sous-étages. Le Virgulien est le premier. Le Solenhofen de Mayer-Eymar n'est pas compris dans les mêmes limites. Nous avons adopté celle de Lapparent comme plus classique. — Confondu dans l'ancien niveau Kimmeridjien de D'Orbigny, sa restauration est assez difficile. Cependant son indépendance parait assez manifeste sur nos cartes. — Dans l'ouest du bassin de Paris la côte est idéale. Aucun affleurement.

76. **BOLONIEN.** — Comme tous les sous-étages Tithoniques, le Bolonien est assez difficile à restaurer. Les stratigraphes varient leurs coupures à chaque moment. — Manque dans l'ouest de la France et au sud-ouest du plateau central. Le grand récif de Salève et de l'Echaillon est considéré par Lapparent comme synchronique de tout le Tithonique. Telle n'est pas l'opinion de tous les géologues. — Pour l'existence de la Manche occidentale, voir le chapitre spécial.

77. **PORTLANDIEN.** — Restauration difficile. Beaucoup de géologues considèrent comme portlandienne des couches qui ne le sont pas. — Il existe dans la Charente (Coquand). Mais au-delà, nous ne connaissons aucun affleurement. Il existe, parait-il, à Fumel. Son existence dans le bassin de la Garonne reste un problème. — Pour l'existence de la Manche occidentale, voir le chapitre spécial.

78. **PURBECKEN.** — Le lac des Charentes a été restauré jadis par Coquand. Le lac Jurassien est une belle restauration de Maillard. — Sauf dans le Bassin du Rhône, la France est partout émergée. — Pour l'existence de la Manche occidentale, voir le chapitre spécial.

---

1. L'ancien étage Kimmeridjien a été rétabli par Lapparent dans l'édition de 1893 avec deux sous-étages : Ptérocérien et Virgulien.

79. **NEOCOMIEN. VALANGINIEN.** — Les deux sous-étages Nemaudon et Allmannin (M. E.) du Valanginien sont bien réels. Mais les études actuelles sont insuffisantes pour révéler les différences géographiques. Nous les avons réunis en une seule carte. Malgré cette réunion les contours sont encore bien vagues. — L'émersion des Alpes ne pourra se justifier que par une étude détaillée et plus approfondie des faunes. Il est remarquable que le facies vaseux pélagique (Lory) soit synchronique des deux sous-étages. — La restauration d'Hébert du Neocomien inférieur comprend le Valanginien, l'Hauterivien et le Barremien. Or nous avons restauré spécialement ces trois niveaux. Chacune de nos cartes présente donc des différences avec celle d'Hébert. — Manque au sud et au nord des Pyrénées. Rivage aux Barbaries, Alicante, Cordoba (Hébert, *Bull. Soc. géol. 1881*).

80. **NÉOCOMIEN HAUTERIVIEN.** — Les deux sous-étages Hauterivon et Cruasin (M. E.) sont bien réels. Mais les contours restent toujours mal déterminés, surtout en Bourgogne. — Les Alpes méridionales paraissent émergées. Ostracées et Spatangues partout, serpules à Volx. — Le facies vaseux pélagique (Lory) est toujours synchronique des deux sous-étages.

81. **URGONIEN. BARREMIEN.** — Sauf dans le midi, les contours partout manquent de précision. — La côte occidentale du Bassin de Paris est idéale. — D'après Lapparent le Boulonnais est émergé. D'après M. Bertrand il est immergé. Nous avons adopté l'opinion du dernier géologue. — L'immersion totale du bassin parisien n'est pas prouvée. On peut tout aussi bien restaurer deux mers. L'une viendrait du Jura, ayant pour rivage la ligne d'affleurement actuelle des argiles ostréennes. L'autre viendrait du nord, s'arrêtant au pays de Bray.

Dans la Haute-Marne la série s'établit ainsi :

Aptien	4 Argile à plicatules (Bedoulien)...........	Lopperin	Aptien
Urgonien ou Barremien	3 Couche rouge de Vassy (Rhodanien)......	Rhodanon	
	2 Grès d'eau douce........................	Donzerin	Urgonien
	1 Argile ostréenne (Barremien)............	Barutelon	

La loi des étages est ici rigoureusement applicable. La couche de Vassy et ses synchroniques doit bien constituer le sous-étage inférieur de l'Aptien. — D'après Lapparent, les couches à Scaphites Yvani sont synchroniques du calcaire à Requiénies. C'est incontestable. Cependant, ils sont généralement à leur base. De plus, les récifs à Requiénies se sont surtout développés par mer descendante. Nous n'avons donc pas hésité à classer spécialement l'horizon à Requiénies dans l'Urgonien supérieur ou Donzerien. — Nous avons fait passer la côte du golfe Urgonien dans les Basses-Alpes. Rien n'est moins certain. Killian, dans ses études sur la chaîne de Lure, donne une faune absolument pélagique. *Ptychoceras, Rhynchonella, Macroscaphites, Heteroceras*, etc. La côte était plus éloignée. Notre carte, dressée d'après la ligne des affleurements extrêmes, est incertaine. Les Alpes méridionales étaient certainement immergées. — Sur l'existence de la Manche occidentale, voir page 63.

82. **URGONIEN. DONZERIEN.** — Restauré d'abord par Hébert. Nous avons respecté le tracé du célèbre géologue. Nous avons seulement admis la rectification apportée par Collot (1892) en Provence. — Dans le Bassin de Paris nous avons synchronisé, d'après Mayer-Eymar : 1° Les couches d'eau douce de la Haute-Marne (grès et sables versicolores, argile rose marbrée) ; 2° la Sanguine (Leym.) ou moellons pétris de cerithes (Longuemar). Ces dépôts ont dû se faire dans des étangs saumâtres assez éloignés du rivage marin. — Dans les Alpes-Maritimes, le Donzerien manque suivant Fallot. Il existe suivant Collot.

83. **APTIEN.** — Restauré dans le Midi par Hébert (1869). Nous n'avons pu conserver intégralement son tracé. Collot l'a modifié en Provence et Lacvivier dans l'Ariège. — La restauration de l'Urgonien et de l'Aptien est très difficile dans le midi. Les stratigraphes ont admis un étage Urgo-Aptien. La loi des étages rigoureusement appliquée éclaircit la classification. — « Les céphalopodes à tours déroulés, notamment les *Ancyloceras* (*Crioceras*) jouent un très grand rôle dans la faune aptienne. Ils atteignent à la Bédoule des dimensions considérables. » (Lapparent p. 1057). — Une courbe de niveau pourrait être restaurée en Provence. Suivant Collot, l'Aptien gréseux et glauconneux est le facies littoral de l'Aptien marneux. L'étude stratigraphique, sur l'emplacement de cette courbe, indiquerait absolument le sens du mouvement maritime. — Très probablement l'île de Collot s'étend plus au sud. — Notre carte est la plus grande extension marine. Nous n'avons pu restaurer particulièrement les deux sous-étages Rhodanon et Lopperin de Mayer-Eymar.

84. — **ALBIEN.** — La division de l'Albien en deux sous-étages Argonnon et Vraconnin (M. E.) est absolument réelle. Elle est observable presque partout. — Quelques gisements, considérés comme Albien, ont été signalés en Normandie. Guillier nie son existence dans la Sarthe, mais il l'affirme à Céton (Orne). Il considère les couches à *Ostrea vesiculosa* comme rotomagiennes. — Il conviendrait d'étudier attentivement le contact de l'Albien et du Cenomanien. — Suivant Hébert, un golfe s'avançait jusqu'à Foix. Mais la mer ne recouvrait pas l'Aquitaine. Les travaux récents n'ont pas confirmé cette restauration.

85. **CENOMANIEN. ROTHOMAGIEN.** — Restauré dans la Sarthe par Guillier. — La croyance générale des géologues est que les détroits de Langres et de Poitiers se sont ouverts à nouveau. L'épaisseur des strates, combinée avec la distance maximum des dépôts, semble bien confirmer cette croyance pour le Poitou. Mais rien ne vient nous renseigner sur l'étendue probable du nouvel isthme poitevin. Quant à l'isthme bourguignon, les gisements jurassiens actuellement connus sont insuffisants pour nous permettre une restauration même approchée. En voulant les répartir dans les deux sous-étages Rothomagien et Carentonien nous ne paraissons pas avoir fait grand chose de convenable. — Le Cénomanien de l'Ariège est une période de trouble et d'érosion.

86. **CENOMANIEN. CARENTONIEN.** — Grâce aux restaurations de Guillier, la région occidentale du bassin de Paris est assez détaillée. Le banc à *Ostrea biauriculata* est très étendu vers le sud dans le Maine-et-Loire, le Loir-et-Cher, l'Indre-et-Loir. Nos notes sont

insuffisantes pour le restaurer dans tous ses détails. — Dans le Gard est une formation fluvio-marin (Pauletien). C'est un dépôt d'estuaire analogue à ceux des pays tropicaux. Nous avons appelé *Pauletus flumen* le fleuve dont les sédiments constituent cette formation. Rien ne vient nous renseigner sur sa direction probable. Peut-être venait-il du nord-ouest ? Les dépôts contenant des bois de dicotyledonées semblent alignés dans cette direction. — Lacvivier ne cite pas, dans l'Ariège, de dépôts carentoniens. Faut-il croire à l'existence d'un isthme ? C'est tout naturel, d'après la loi des étages. — Dans le Jura, Bourgeat voit trois golfes dont deux venaient de l'ouest et un de l'est (!) — Dans la Sarthe, selon Guillier, et dans le Maine-et-Loire le Carentonien repose sur les terrains primaires. Il s'est plus étendu encore que le Rothomagien. — Le détroit poitevin existait. La comparaison des faune le prouve. Aucun renseignement sur ses contours. Nous l'avons indiqué par une flèche.

87. **TURONIEN. LIGÉRIEN.** — Restauré dans la Sarthe par Guillier. — Suivant Lacvivier les grès de Celles sont sur ce niveau. — Par la faune, le détroit poitevin paraît exister toujours. Aucun renseignement sur son étendue et sa direction.

88. **TURONIEN ANGOUMIEN.** — Les calcaires à rudistes constituent des récifs. Leur restauration complète n'a jamais été tentée. C'est à faire sur place. — Guillier, pour la Sarthe, fait la remarque suivante. Le soulèvement jurassique a chassé la mer vers le nord-est : le soulèvement crétacé la chasse vers le sud-ouest : le soulèvement helvétien la chassera vers le sud-ouest.

89. **SANTONIEN** sup^r. **SÉNONIEN. EMSCHERIEN.** — Mayer-Eymar fait un étage entier du Santonien. C'est, pour lui, le Sénonien proprement dit. Les deux sous-étages sont le Cognacon et le Santonin. Cette coupure est bien réelle. Elle s'observe partout. Elle est établie depuis longtemps par Coquand. Lapparent l'admet dans l'édition de 1893. Les limites des deux cartes sont assez différentes. Le sous-étage supérieur a vu probablement se fermer à jamais le détroit de Poitiers. — Ce dernier existait certainement encore lors du sous-étage inférieur. En voici la preuve.

1° Le Santonien de Touraine par le développement des ammonites et l'apparition de *Micraster brevis* offre des affinités marquées avec la craie des Charentes et du sud-ouest. Il laisse soupçonner une communication entre la mer sénonienne et l'Atlantique.

2° Dans le midi, la comparaison des faunes semble indiquer une communication avec le bassin de Paris.

3° A Lille, la craie du Santonien supérieur a beaucoup d'affinités avec la craie de Flandre et de Wesphalie.

Donc ces mers diverses communiquaient ensemble.

90. **SÉNONIEN** sup^r. **CAMPANIEN. ATURIEN.** — La craie à bélemnitelles s'est formée par mer montante. Ses nombreuses récurrences et sa faune pélagique qui recouvre en beaucoup d'endroits des dépôts littoraux, le prouvent bien. La répartition géographique diffère d'ailleurs des cartes précédentes. Mayer-Eymar, sous la rubrique de Meudonon,

en fait donc le sous-étage inférieur du Danien. — Lapparent (1893) en fait le sous-étage inférieur de l'Aturien. L'analogie de la carte avec celles de l'éocène inférieur est incontestable. Au point de vue paléogéographique, le Néozoïque semble commencer avec la craie à bélemnitelles.

Les dénudations rendent très difficile la restauration exacte des rivages. Étudions particulièrement le nord-ouest. Où était le rivage ?

L'éloignement des affleurements extrêmes rend impossible l'hypothèse de l'existence du détroit poitevin.

Trois localités à facies littoral ont été découvertes. Ce sont : Beauval, Dreuil-Hamel, et Hardivilliers. Or elles sont situées sur l'axe des trois anticlinaux correspondants de Hastings, Gamaches et Wight. Donc ceux-ci existaient (1). Ils formaient des niveaux bathymétriques. Le rivage peut alors être cherché parallèlement et plus au sud. Or, là, nous trouvons l'important anticlinal du Bray, lequel se perd au milieu de la Manche, d'après M. Bertrand. Cet anticlinal a donc formé le rivage du Campanien. Il a formé de même le rivage de plusieurs formations éocènes, notamment du Lutetien.

Pour l'existence de la Manche occidentale, voir p. 63.

91. **MAESTRICHTIEN DANIEN.** — Dans la classification de Lapparent (1885) l'étage Danien comprend les deux sous-étages Maestrichtien et Garumnien. Dans celle de Mayer-Eymar, il comprend le Campanien et le Maestrichtien (2). Ce dernier s'est déposé presque partout par mer descendante. Nos cartes le prouvent. D'ailleurs dans les Pyrénées occidentales le Maestrichtien a plus d'analogie avec le Campanien qu'avec le Garumnien (Seunes). Enfin les auteurs récents tendent à faire monter ce dernier dans l'éocène et, par conséquent, à le séparer nettement du Maestrichtien. — Le niveau de celui-ci est absolument synchronisé. La discordance observée dans le nord, d'après Lapparent, est limitée au bassin anglo-parisien. — Mayer-Eymar et Lapparent classent Fuveau sur ce niveau. Le vrai niveau nous paraît être celui à Hemipneustes. Nous avons peut-être fait erreur. — Le Maestrichtien est à rechercher dans les Alpes. Deux ou trois gisements sont connus. Le grand canal alpin existait encore, sinon totalement du moins partiellement. Nous verrons désormais et souvent ce grand canal disparaître ou s'atténuer dans les sous-étages supérieurs. C'est une preuve lumineuse en faveur de la loi des étages.

La Manche occidentale existait incontestablement. Comment pouvait-elle se relier à la mer du Limbourg ?

Le soulèvement du dôme du Weald et du Gris-Nez date de la fin du Crétacé. De plus, les trois anticlinaux du Boulonnais sont en pleine voie d'exhaussement depuis le Campanien. Leur action se fait sentir dans toute la Somme. Enfin, dans l'Angleterre, il n'y a pas trace de Maestrichtien.

Ainsi posé, le problème est difficile à résoudre.

---

1. Immédiatement plus au nord, le ridement du Varne existait déjà au début de l'époque crétacée (M. Bertrand).

2. Cette classification est adoptée sous d'autres noms par Lapparent (édition de 1894). C'est la confirmation des idées de Mayer-Eymar, ou plus exactement de celles de Coquand.

Constatons :

1° Aucun dépôt Maestrichtien n'est interposé entre le calcaire pisolithique et le Campanien. Or, le dépôt pisolithique le plus septentrional est aux environs de Beauvais.

2° D'après M. Bertrand (p. 148), un synclinal crétacé dirigé ouest-est et très marqué, s'étendait au nord de Péronne, Saint-Quentin, Guise, et se dirigeait ensuite vers le nord-est (direction de Mons).

3° Un autre synclinal, au sud de Doullens, se dirigeait vers le nord-ouest.

4° Aux environs de Mons, le Maestrichtien ravine la craie sous-jacente et se transforme même en conglomérat.

La communication se faisait donc probablement par un étroit chenal passant au nord d'Amiens, de Saint-Quentin, Guise. Le courant y était très violent.

92. **GARUMNIEN. MEULANON.** — La représentation paléogéographique du Garumnien actuel est impossible. Les formations les plus opposées se succèdent dans une même localité. Nous avons dû adopter la classification de Mayer-Eymar. Le Garumnien devient un étage entier. Les sous-étages sont le Meulanon et le Heersin. Les synchronismes, d'ailleurs, sont les mêmes. Malgré cette interprétation, il y a encore des points obscurs. En effet, certains niveaux actuellement considérés comme garumniens seront plus tard considérés comme mandumiens.

« La présence parmi les oursins de la couche 6 de *Schizaster antiquus*, *Echinanthus Subrotundus*, etc., marque des affinités tertiaires. Du reste, des observations recueillies à la limite de l'Ariège et de la Haute-Garonne semblent avoir établi que des calcaires à Miliolites, c'est-à-dire une variété minéralogique habituelle au tertiaire pyrénéen, commencent à se montrer au milieu même des assises à *Micr. tercensis*. Aussi la place que, d'après les auteurs, nous avons attribuée à ces dernières ne peut-elle être considérée comme définitive ». (Lapparent, *Cours* p. 1109).

93. — Le Meulanon comprend : Calcaire grossier inférieur de Mons, calcaire pisolithique, marnes et argiles de Provence à *Cyrena galloprovincialis*, *Melanopsis galloprovincialis*, etc., calcaire des Pyrénées à *Cyrena garumnica*, grès et sables des Charentes à *Radiolites*, *Sphærulites*, etc. Mayer-Eymar y joint : Couches de Vang, Tuf de Spilecco (partie inférieure), Bégudien à *Physa laevigata*.

Remarque importante. Le calcaire pisolithique s'est appuyé sur l'anticlinal de Beynes. La flore du Fuvelien est celle des marécages. La faune est mélangée d'espèces marines, fluviatiles, d'estuaires et de lagunes. Dans la lagune, les courants d'eau douce venaient de l'est (Collot). Nous avons donc supposé un fleuve dans cette direction.

94. **GARUMNIEN. HEERSIN.** — Le Heersin comprend : Calcaire grossier de Mons supérieur, marnes de Heers et de Meudon, Bégudien et calcaire à *Lychnus* de Provence, marnes et calcaires des Pyrénées à *Micraster tercensis*, *Natica brevispira*, etc. Mayer-Eymar y joint les couches de Wang (partie supérieure).

Les marnes heersiennes s'arrêtent sur le versant septentrional des Ardennes (Hébert). Le lac aurigerien peut aussi bien être placé dans le Meulanon. Il est, en effet, intercalé entre le calcaire à *Cyrena garumnica* et les couches à *Hemiaster*. Peut-être faut-il le considérer, avec le Bégudien, comme l'équivalent véritable du sous-étage supérieur. Les couches à *Hemiaster* seraient alors maudunniennes. Suivant Collot, le Bégudien saumâtre à Fuveau est lacustre à Orgon. Les couches lacustres sont supérieures ou inférieures. Il est difficile d'imaginer un passage latéral Il y a des coupures stratigraphiques à faire dans les couches de Rognac.

95. **MAUDUNIEN. THANETHIEN.** — Dans le bassin anglo-parisien, les côtes sont très compliquées. De plus une certaine mobilité du sol est manifeste. La stratigraphie révèle les alternatives les plus opposées. Le phénomène est général pendant tout le Nummulitique. Il y a un écueil pour le paléogéographe. Tous les sous-étages ont une tendance générale à se dédoubler.

Ce phénomène commence dès le Maudunien. Le calcaire de Rilly surmonte les sables marins de Bracheux. Nous avons restauré ce lac. Dans le midi les synchronismes sont trop rares. Ils sont, au contraire, trop abondants au crétacé supérieur. Il doit y avoir quelques erreurs.

96. **SPARNACIEN.** — Le Sparnacien avec ses niveaux lacustres est très difficile à restaurer. Il est désespérant. Aussi, nous avons simplement restauré le niveau à *Cyrena cuneiformis*. Nous avons enfermé dans une même courbe toutes les localités où ce fossile a été trouvé.

Quelle est l'origine de l'argile plastique? Les uns prétendent qu'elle est d'air libre. Gardner la considère comme fluviatile. Aucun détroit ne réunit incontestablement le bassin de Paris avec celui de la Belgique. Les sables d'Ostricourt (dunes) se suivent parfaitement jusqu'au deuxième degré de longitude. Cette émersion paraît coïncider avec une recrudescence des principaux plis du nord de la France. La fermeture du détroit franco-belge à chaque sous-étage supérieur, commencé dès le Garumnien, se continue jusqu'au Ligurien. Le principe suivant paraît vrai : tout niveau, lacustre à Paris, manque en Belgique.

97. **YPRÉSIEN.** — La formation yprésienne de Lapparent est bien un étage distinct. C'est le Londinien de Mayer-Eymar. Les deux sous-étages sont le Bognoron et le Bagshotin (M. E.). Ces derniers sont partout très visibles et très nets. Les auteurs les ont généralement confondus. Nous n'avons donc pu restaurer les deux cartes. Elles sont pourtant très distinctes.

98. — Notre restauration est générale. Elle comprend la plus grande extension marine. Elle s'applique donc spécialement au niveau inférieur. Dans le bassin de Paris, la ligne intérieure limite les localités fossilifères. Au-delà et jusqu'à la ligne extérieure, ce sont des sables de dunes. — Les limites de l'île de Douvres sont problématiques. — Dans le midi nous avons rapporté à cet étage :

1° Les sables et grès de Merindol.

2° Les brèches et arkoses qui, suivant Kilian, commencent le Nummulitique alpin.

Le grand canal helvétique paraît exister. — Les calcaires à mélonies et alvéolines occupent l'emplacement des Pyrénées. Celles-ci étaient peut-être partiellement émergées. Les localités connues sont insuffisantes pour permettre cette restauration.

« J'ai cité, dit Mayer-Eymar, depuis assez longtemps déjà, dans le canton d'Appenzeil, un dépôt londinien assez semblable à l'argile de Londres sous les deux rapports paléontologique et pétrographique, et compté, plus récemment, dans le Nummulitique inférieur de l'Ariège et de l'Aude, toute une série d'espèces londiniennes du bassin anglo-parisien, espèces qui n'ont pu arriver au pied nord des Pyrénées que *par un bras de mer passant par la Bourgogne et la vallée du Rhône.* »

Nous n'avons aucune donnée sérieuse pour restaurer ce détroit.

99. — Le retrait de la mer est considérable lors du Bagshotin. Selon Gosselet, les grès de Belleu sont compris entre les sables de Cuise et le calcaire grossier. Ils appartiennent donc à ce niveau supérieur.

Dans le Hampshire, il n'existe plus que des dépôts fluviatiles.

100. **LUTETIEN.** — Le Lutetien est bien un étage distinct. Les deux sous-étages sont le Chaumonton et le Grignonin (M. E.)[1]. Les dépôts parisiens ne sont pas étudiés en détail. Des travaux innombrables ont été faits. Ils sont principalement paléontologiques. Bien des détails échappent encore aux géologues. Les bons travaux stratigraphiques sont rares. Ceux de Munier-Chalmas le prouvent bien. Cette pénurie est importante. Nous n'avons jamais pu, notamment, restaurer les limites exactes du Banc-Vert. De même les couches à *Cerithium giganteum* sont classées par les uns dans le Lutetien moyen et par d'autres dans l'inférieur. Or le moyen est un faciès calcaire de l'inférieur.

Une première restauration a été faite en 1855 par Hébert. Nous l'avons respecté le plus possible. La nôtre est générale. Pour les contours marins, elle s'applique spécialement au sous-étage inférieur. — En Provence, dans le Gard et dans l'Hérault, le Lutetien est lacustre. Le rivage méditerranéen doit être cherché plus au sud. — Le grand canal alpin communique avec la Méditerranée par les Alpes et non par le Rhône. Preuves : comparaison des faunes et absences de dépôts marins au Languedoc. — Nous avons étendu vers l'est le golfe de Blaye d'après les travaux de Benoist. — Pour Hébert les Pyrénées sont émergées. Pourtant les couches nummulitiques ont été observées à Aurignac (Haute-Garonne), dans l'Ariège, dans les Petites Pyrénées, dans les Corbières, au mont Perdu (à une très forte altitude). De plus, le principal soulèvement est ligurien. Donc les Pyrénées étaient submergées. Des îles existaient peut être sur l'emplacement de la grande chaîne. Nous voulons bien l'admettre. — Les arkoses du Velay, de la Limagne, d'Aurillac, sont maintenant rapportées au Lutetien. — Les nombreux dépôts lacustres et la récurrence des dépôts indiquent, dans le commencement de la période, un effondrement général. — La flore des Grès à Sabalites de l'ouest de la France est maintenant bien connue. Elle est synchronique de l'Yprésien et du Lutetien. Des études ultérieures y permettront peut être cette subdivision. — Les dépôts lacustres sont nombreux. Nous les avons provisoirement désignés par les noms classiques connus.

101. — Nous n'avons pas restauré le Lutetien supérieur. Documents incomplets. La carte est très différente. Le banc vert est lacustre. — Le détroit franco-belge est à jamais fermé. — Les Pyrénées sont émergées. La zone nummulitique appartient en effet tout

1. Chambersin conviendrait peut être mieux.

entière au sous-étage inférieur. — L'équivalent marin du banc vert n'est pas bien connu.

Pour Mayer-Eymar une communication directe par Langres ou par Sarrebruck existe entre le Bassin de Paris et celui des Alpes, lors du sous-étage inférieur.

102. **BARTONIEN.** — Le Bartonien est bien un étage distinct. Les deux sous-étages Auverson et Mortolin (M. E.), sont partout bien visibles.

103. — Notre restauration est celle du sous-étage inférieur. — Dans les Alpes nous avons classé sur ce niveau les couches à *Numm. striata* (supérieures aux couches à *Cerithium Diaboli*). Le grand canal est donc rétabli. — Les oscillations marines du Bartonien parisien sont très remarquables. Dollfuss admet la chronologie suivante de bas en haut : Sables d'Anvers et du Guépelle. Argile d'Ézanville (lagune). Sables de Beauchamp et de Lizy. Grès à cyclostomes de Beauchamp. Sables à Mélanies de Beauchamp et calcaire grossier de Lizy. Calcaire de Ducy. Sables à avicules de La Chapelle en Serval et de Mortefontaine. Calcaire de Saint-Ouen. Ces oscillations, pour le même géologue, sont dues au lent soulèvement du Bray. — Le calcaire lacustre de Ducy reste toujours une énigme. Par quelle oscillation explique son apparition et celle de la zone à avicules dont la zone est si distincte ? Peut être faut-il admettre un étage particulier ? — Pour Mayer-Eymar, une communication directe existe entre les bassins de Paris et de la Suisse.

104. Dans le sous-étage supérieur, nous n'avons restauré que le lac de Saint-Ouen. — La carte générale est assez différente. Le grand canal alpin est disparu, ou bien il est coupé et tronqué. — En Angleterre, ce sont les couches d'eau douce du Headon inférieur.

105. **LIGURIEN.** — Le Ligurien est très embrouillé. La cause est dans notre ignorance sur l'origine du gypse. De plus la limite entre l'éocène et l'oligocène est très mal définie. Plusieurs niveaux sont transposés à chaque instant du Ligurien à l'Infratongrien et réciproquement. Mayer-Eymar, dans son étage Ligurien, embrasse le Ligurien proprement dit (Montmartron) et l'Infratongrien (Henisin). Cette division nous est peu utile. Chacun de ses sous-étages en effet se divise en deux groupes obéissant rigoureusement à la loi des étages. Voir ci-après le tableau résumé (page 57).

	Bassin de Paris	Bassin de la Garonne	Cotentin	Angleterre	Belgique	
Sannoisien Infratongrien (Hénisin)	Calcaire de Brie et Mollasse de Montmartre.	Argiles à nodules calcaires et calcaire de Castillon.	Marnes inférieures de Bembridge à Limnées et Bulimes.	Marnes du Ludes à *Bithynia Duchasteli*	Manque.	Lacustre.
	Marnes vertes.	Argile à *Ost. Berson.* et sables des Ondes Dropt, St-Cernin Fronsac.	Boue à *Ostrea Vectinensis, Cyrena Semistriata Cytherea incrassata.*	Argile de Nesson à *Cerith. plicatum.*	Argile de Henis.	Marin.
Ligurien proprement dit Montmartrien Ludien Priabonien.	Marnes blanches	Argile à *An. Girondica* calcaire des Ondes du Dropt. Montbazillac Fronsac à *Melanopsis Mansiana* et Gypse de Sainte-Sabine.	Calcaire à *Bulimus ellipticus* et Headon supér.	Calcaire lacustre de Goodleswille à Paludines *Potamides perditus.*	Manque.	Lacustre.
	Gypse et Marnes à Pholadomyes.	Calcaire de Sainte-Estèphe, argiles à *Paleotherium*, marnes fluvio-lacustres de Plassac.	Couches d'Osborn et Headon moyen		Sable de Grimmertingen	Marin.

Voilà donc cinq régions diverses pour lesquelles le synchronisme est parfait. Est-ce le hasard qui fait obéir à la loi de Mayer-Eymar des dépôts situés à des distances aussi grandes ? Il ne nous appartient pas de trancher la question (1). Mais comme paléogéographe nous devons restaurer 4 cartes absolument distinctes. Nous avons été assez heureux pour dresser trois d'entre elles. Les documents relatifs à la troisième (Marnes à cyrènes) nous ont manqué.

106. **LIGURIEN INFÉRIEUR.** — Le Flysh alpin est, pour nous, un faciès spécial, des dépôts du grand canal alpin. Nous avons donc restauré ce dernier. Le dépôt, d'ailleurs, paraît être synchronique du Ligurien et de l'Infratongrien. Il comprend deux niveaux. — Les calcaires de Condesaygues, généralement classés sur ce niveau n'y appartiennent pas. Ils appartiennent à l'Infratongrien. Ils contiennent *Anthracotherium*. Suivant M. Gaudry, ce fossile apparaît en Infratongrien. — Les dépôts belges n'ont pas une grande étendue horizontale. Ils paraissent appartenir à un simple bras de mer. — Le grand fleuve qui, au Bartonien, a déposé dans le sud-ouest les sables à Lophiodons existent encore. Il faut lui attribuer la formation des Argiles à Paléotherium. — Les formations lacustres incomplètement étudiées sont indiquées par un simple nom de localité. — Pour l'existence de la Manche occidentale, voir p. 63.

Pour Mayer-Eymar, le Tyrol est en communication avec le bassin parisien.

---

1. Lapparent (1894) admet deux étages distincts, confirmant ainsi la méthode paléogéographique.

107. **LIGURIEN SUPÉRIEUR.** — La Mollasse du Fronsadais est considéré par Vasseur et Benoist comme infratongrienne. C'est possible. Mais il est incontestable que toute la partie inférieure du tableau de Vasseur, est synchronique des Marnes blanches. Ces formations sont nettement synchronisées. Le qualificatif univoque nous importe peu. — Dans ces conditions, la limite sud du lac de Fronsac est mal définie. Cette formation a été considérée par Benoist comme saumâtre dans son traité et comme terrestre en 1889. Il ajoute même qu'au nord de la ligne Bourg-Marmande, elle est lacustre et marine au sud. Pour Lapparent elle contient *Ostrea longirostris* et se termine par des couches à *Ostrea cyathula* et Turritelles. Vasseur la considère comme marine. Il en fait l'équivalent de toutes les assises considérées par nous comme appartenant au Ligurien supérieur et à l'Infratongrien inférieur. A tout hasard nous avons considéré dès lors comme lacustre et inférieure la mollasse du nord de la ligne précitée (Ligurien supérieur) et comme marine et supérieure la mollasse de la même ligne (Infratongrien). — Le calcaire des Ondes contient *Melanopsis Mansiana*. Ce fossile existe dans les Marnes blanches. — La faune des lacs d'Oelert se rapporte aussi bien au Ligurien qu'à l'Infratongrien.

108. **INFRATONGRIEN SANNOISIEN.** — Pour Sarran d'Allard le sextien moyen contient dans le Gard *Limnea longiscata*, *Melanopis Mansiana*, *Cyrena aquensis*. Lapparent, lui, synchronise le Calcaire de Monteils à *Cyrena semistriata*. Il y a probablement confusion de niveau. D'une part *Melanopsis Mansiana* marque plutôt le Ligurien supérieur. D'autre part *Cyrena aquensis* existe en Provence au-dessus des gypses d'Aix à la base du Stampien. — Notre carte est le niveau supérieur de l'Infratongien (Brie). — Les Marnes à Cyrènes ne constituent pas l'équivalent marin du calcaire de Brie. Il a été trouvé à Argenteuil par Munier-Chalmas en 1891. Il est aujourd'hui qualifié de Mollasse de Montmartre. Il marque l'emplacement d'un bras de mer venant du Cotentin où des dépôts synchroniques ont été observés.

109. — La carte du niveau inférieur présente d'importantes différences. — Dans le Bordelais un grand fleuve vient aboutir dans une lagune où se déposent des argiles à nodules. (Restauré en note). — Dans le Bassin de Paris le niveau marin des marnes vertes marque l'emplacement d'une longue lagune. Celle-ci rejoint l'île de Wight. Une branche atteint le Cotentin (dépôt marin de St-Sauveur) le niveau est assez mal indiqué sur les cartes géologiques parisiennes.

110. **TONGRIEN. STAMPIEN.** — Le Stampien ou Tongrien est bien un étage distinct. Les deux sous-étages Spauwenon et Boomin (M. E.) s'observent partout. Nous les avons restaurés.

En Provence, un dépôt marin à *Cerithium margaritaceum* repose par un banc de sable sur les gypses d'Aix. Il est évidemment formé par mer montante (principe 75). Pour nous, il faut ranger sur le même niveau inférieur la base des calcaires saumâtres du Valentinois. La récurrence stampienne paraît ainsi assez importante pour rétablir, sous une faible épaisseur d'eau, le grand canal alpin. L'étude des faunes paraît indiquer une communication entre ce dernier et celui du Rhin.

Dans le Bassin du Rhin, les auteurs établissent trois divisions dans le Stampien.

Elles correspondent aux horizons de Jeurres, de Morigny et d'Ormoy. Le niveau supérieur contient *Potamides Lamarcki*. Pour nous, comme pour Mayer-Eymar, c'est la base de l'Aquitanien. Sur la carte nous avons rétréci les contours d'Hébert. Ils coïncident avec le niveau inférieur (Sables de Dammemarie). Nous avons restauré en note le niveau moyen (Schistes à Maletta).

Dans le Bassin de Paris, Hébert avait restauré un canal immense. Il commençait en Belgique et se terminait à Nantes. Les grès de l'ouest, jadis pris pour tongriens, sont indubitablement lutétiens. Nous n'avons donc pu conserver le tracé du célèbre géologue. La restauration est même très difficile. Nous avons entouré dans un contour intérieur les dépôts fossilifères connus (Marnes à huîtres, sables d'Étampes). Dans le contour extérieur sont les sables azoïques de Fontainebleau, depuis longtemps considérés comme dunes.

Nous avons conservé le canal armoricain. Sa faune est analogue à celle de l'Aquitaine. La Manche occidentale existait probablement. (Voir page 63).

Les dépôts anglais de Hampstead offrent beaucoup d'analogie avec ceux de Belgique. Ils communiquent avec le Bassin de Paris par le détroit franco-belge. Ce dernier est ouvert à nouveau.

III. **AQUITANIEN.** — L'Aquitanien est un étage embrouillé. Les auteurs y ont rangé tous les niveaux à *Helix Ramondi*. A leurs synchroniques, un travail de coupure est nécessaire dans son ensemble. Mayer-Eymar l'a tenté. Il a fait plus. Il a procédé à un remaniement profond : Voici sa classification.

Mérignacin .	Miocène inférieur. Oligocène supérieur. Calcaire à Hélices, de Mayence. Calcaire de la Beauce. Marnes à Cyrènes, de Bavière. Roche du Mecklembourg. (Mérignac près Bordeaux).
Bazason. . .	Miocène inférieur. Oligocène supérieur. Marnes à Cyrènes, de Mayence. Meulière supérieure de Paris. Poudingue de la Superga. Mollasse, marine inférieure de Traunstein à Thoune. Le Righi, etc. (Bazas, Gironde).

Nous ne pouvons pas proposer une autre classification. Nous n'avons pas l'autorité nécessaire. Mais il est un fait d'observation admis de tous. A la base de l'Aquitanien existe généralement un niveau saumâtre où domine surtout *Potomides Lamarcki*. L'examen du tableau suivant le met en évidence.

SOUS-ÉTAGE INFÉRIEUR **(Bazason)**	SOUS-ÉTAGE SUPÉRIEUR **(Mérignacin)**	
Falun de Bazas. Calcaire blanc de l'Agenais à *Cyclostoma*, *Antiquum Helix Ramondi*.	Falun de Mérignac. Calcaire gris de l'Agénais.	AQUITAINE
Marnes de Fonteaude. Argile de Salindres à *Cyclostoma antiquum*.	Alaisien lacustre à *Chamaerops*.	LANGUEDOC
Couches à *Potamides Lamarcki* et à Striatelles.	Schistes de Manosque.	PROVENCE
Calcaire à *Potamides granensis*.		VALENTINOIS
Couches à *Potamides Lamarcki* de Coligny et de Vincelles.	Conglomérat de l'Ain. Calcaire lacustre de Coligny.	AIN
Mollasse rouge et Mollasse à lignites. (Auct.). Mollasse marine inférieure de Traunstein à Thoune Le Righi (M. E.).		SUISSE
Marnes à Cyrenes. Grès et Calcaires à *Potamides Lamarcki*.	Calcaire à Hélices.	MAYENCE
Marnes à *Potamides Lamarcki Cyclostoma antiquum*, *Helix Ramondi*, *Paludestrina Dubuissoni*.	Calcaire du Gâtinais et du Blaisois. Meulière de Montmorency, Rambouillet, etc.	PARIS
Couches de Rennes à *Potamides Lamarcki*.	Meulière de Saffré.	BRETAGNE
Couches à *Potamides Lamarcki* et à Striatelles.	Pépérites à *Limnea pachygaster*.	CENTRE

112. AQUITANIEN INFÉRIEUR. — Ce ne sont peut être pas les limites exactes du Bazason et du Mérignacin. Mais au point de vue paléogéographique, le niveau inférieur doit être restauré. Les contours en sont absolument différents. La restauration que nous avons tentée est évidemment approximative. Elle ressemble légèrement à celle du Stampien inférieur. Le grand canal alpin est encore rétabli mais sous une très faible épaisseur d'eau. Le Bassin de Paris est une énigme. De quel côté sont les eaux marines ? — Boule (*Bull. Soc. Géol.* T. 17), avait déjà remarqué la continuité des assises à *Pot. Lam.* Il les classait dans l'Infratongrien (Sannoisien). — Dans le Bassin du Rhin, les couches synchronisées ici sont considérées comme stampiennes par les auteurs.

113. AQUITANIEN SUPÉRIEUR. — Voilà une belle carte. Une carte géographique moderne ne serait pas plus complète. Elle rappelle la Russie septentrionale. — Le grand lac parisien est-il bien réel ? Les stratigraphes ont établi maintes coupures dans cet ensemble ? Leur synchronisme est-il bien prouvé ? — Dans le centre, les grands lacs ont été restaurés par Lyell. C'était à l'époque où les Arkoses du Velay étaient considérées comme aquitaniennes. Nous avons dû faire certains changements se rapportant aux études nouvelles. Nous avons aussi enlevé le niveau à *Pot. Lam.* porté dans la carte inférieure. Malgré ces soustractions, les deux lacs ne sont pas pour nous bien réels. En effet, les dépôts du Centre sont rigoureusement synchroniques de ceux du Bassin de Paris.

Calcaire à *Helix Ramondi* = Calcaire de l'Orléanais ;

Couches à *Limnea pachygaster* = Calcaire du Gâtinais ;

Niveau à *Potamides Lamarcki* = Marnes à *Potamides Lamarcki*.

Tout changement d'accolade dans un bassin entraîne un changement analogue dans l'autre. L'étude de Lyell est à reprendre. — En Suisse, la Mollasse rouge et la Mollasse lignitifère saumâtre sont inférieures à la Mollasse grise langhienne. Les auteurs suisses appellent Mayentien ou Délémontien un niveau d'eau douce considéré par eux comme synchronique de la Mollasse grise. Ils citent parmi les fossiles *Helix rugulosa*. Pour Lapparent cette espèce est aquitanienne. Comment s'y reconnaître ? Ce même fossile existe dans le calcaire gris de l'Agénais et ne monte pas plus haut. Nous avons donc considéré le Délémontien comme appartenant à l'Aquitanien supérieur. — Le déversoir des lacs était vers le sud. En effet, l'étude des conglomérats de la Bresse, des nagelfluhes de la Suisse montre des courants d'eau dirigés nord-sud. Un important massif montagneux existait donc dans le nord de l'Allemagne et de la France. La présence de nombreux lacs révèle d'ailleurs un effort énergique de ridement.

114. LANGHIEN. — La carte restaurée résulte des synchronismes généralement admis, mais combien d'inconnues ? Citons un exemple :

Melania inquinata est une espèce fluviatile. On la retrouve à Gergovie. Elle existe à la base des calcaires lacustres de l'Armagnac. Ceux-ci sont classés dans le Langhien par les géologues de l'Aquitaine. Or, cette même Mélanie se retrouve avec des ossements roulés de Dinotherium dans les faluns de Sos, Baudignan, Gabarret, classés dans l'Helvétien par Lapparent. Ce n'est pas très logique. Ces niveaux devraient être synchronisés. Mayer-Eymar et Benoist les classent bien dans le Langhien supérieur. Alors il en résulte ceci : Le calcaire inférieur de l'Armagnac et la faune de Sansan sont aussi du Langhien supérieur ; tandis que Simorre serait Helvétien. D'un autre côté, Dépéret classe Sansan dans l'Helvétien. Débrouiller cet imbroglio est présentement impossible. C'est pourquoi les géologues du sud-ouest refusent d'admettre l'étage Burdigalien de Dépéret. (1)

En Suisse, la Molasse grise de Lauzanne est considérée comme Langhienne. D'autres auteurs en font leur Aquitanien supérieur. Dès lors, les documents exacts nous ont manqué pour risquer une restauration exacte.

Dans l'Orléanais, nous avons restauré le niveau des Sables de l'Orléanais. Mais au-dessus se trouvent les Marnes de l'Orléanais, le Calcaire de Montabuzard et les Sables de Sologne, tous inférieurs, paraît-il, aux faluns de Touraine ? Ils contiennent aussi *Melania inquinata*. Peut-être convient-il de les ranger sur le niveau supérieur.

Dans l'Armagnac, il faut en revenir aux travaux classiques de Jacquot. Des coupures nouvelles sont nécessaires dans cette grande épaisseur lacustre.

115. **HELVÉTIEN.** — Une coupure est nécessaire dans l'ensemble helvétien. En adoptant celle de Mayer-Eymar, les conditions géographiques sont assez différentes. — — Dépéret a complètement remanié cet étage. Une partie est reportée par lui dans le Tortonien. — Les synchronismes sont assez difficiles dans l'ouest de la France. Les dépôts de l'Anjou se continuent plus au nord. Nous les avons fait se diriger vers le grand synclinal de la Manche. (Voir page 65). La grande récurrence helvétienne est remarquable. Nous l'étudierons dans une publication spéciale.

116. **TORTONIEN.** — Nous avons dressé notre carte d'après le tableau de Lapparent. Elle ne paraît pas répondre à la réalité des faits. — Dépéret classe tous les niveaux à Hipparions dans le Messinien. Ses arguments paraissent irréfutables. — Ce Miocène supérieur est à remanier. — Lapparent (édition de 1894) adopte les vues de Dépéret.

117. **PLIOCÈNE.** — Nos cartes pliocènes résultent des synchronismes admis. Mais les stratigraphes sont loin d'être d'accord. Elles sont donc plus ou moins réelles. — Seul le Plaisancien, si bien restauré par Fontannes, est parfaitement exact.

---

1. Dans l'édition de 1893 du Traité de Géologie de Lapparent, tout le miocène est remanié. Les idées de Dépéret sont à peu près adoptées. Néanmoins les géologues du sud-ouest hésitent toujours. Les restaurations me paraissent encore trop compliquées pour être exactes.

LA MANCHE OCCIDENTALE

ET L'ISTHME ANGLO-FRANÇAIS

118. — La lecture des cartes paléogéographiques met un fait en évidence. La Manche orientale est rarement émergée. Tantôt elle appartient au grand golfe anglo-prussien. Tantôt elle constitue un bras de mer plus ou moins resserré. (Hébert).

Pour moi, il en est de même de la Manche occidentale.

Entre les deux golfes, était incontestablement un isthme. Celui-ci était relativement étroit. Il ne devait guère dépasser les îles anglo-normandes. A plusieurs époques, cet isthme s'est rompu. La Manche orientale était alors en libre communication avec la Manche occidentale et l'Atlantique.

Il n'est pas encore possible de restaurer les limites exactes de l'isthme. Son existence ne fait d'ailleurs aucun doute. Nous allons seulement démontrer simultanément ces deux points :

1° L'existence de la Manche occidentale ;

2° La rupture évidente de l'isthme à certaines époques géologiques.

119. **Argument tiré de Marcel Bertrand.** — M. Bertrand, dans son mémoire, dit :

« Le synclinal du centre de la Manche vient aboutir à Dieppe, à l'ouest du pays de Bray. »

« Je me suis moins spécialement occupé de la partie de la côte voisine de la Bretagne ; mais il ne m'a pas semblé jusqu'ici, que de ce côté les nombreuses inégalités du fond puissent se grouper suivant des réseaux réguliers. On serait là en face d'un de ces cas dont j'ai signalé la possibilité, où la dénudation marine a été incomplète et où les inégalités de l'ancien sol continental n'ont pas été nivelées. »

Il y a des régions maritimes qui n'ont jamais été émergées. C'est évident. Nous n'avons aucun moyen de les reconnaître. Le seul moyen de M. Bertrand peut donner des indications.

120. **Bolonien.** — La séparation entre le bassin de Dorset et celui de Lincoln est complète. La mer du Nord pénètre dans le bassin de Paris par le Pas-de-Calais et la Manche orientale. Mais il ne constitue pas un golfe fermé. En effet.

1° Le Bolonien est épais de 200 mètres en Dorset. Il a seulement 50 mètres dans le Boulonnais et le Bray.

2° Il n'y a aucun parallélisme entre les couches de ces différents pays. Ce parallélisme est au contraire très frappant lors du Jurassique inférieur et moyen.

Les dépôts du Dorset ont donc subi une autre influence : celle de la Manche occidentale par la rupture de l'isthme.

121. **Portlandien.** — Mêmes arguments.

122. **Purbeckien.** — Où s'écoulent les eaux douces du Purbeck ? La seule issue possible est une Manche occidentale.

123. **Neocomien.** — Où s'écoulent les eaux douces du Hastings ? — Dans la Manche occidentale.

124. **Barremien.** — Il n'y a pas grand rapport d'allure entre les niveaux anglais et leurs synchroniques français. L'existence de la Manche occidentale est probable. D'ailleurs actuellement sur l'une et l'autre rive les dépôts ne se font pas face.

125. **Aptien. Albien.** — « Comme il serait impossible de tracer une ligne de démarcation au milieu des *Folkestone-beds*, il est permis d'en conclure que l'histoire géologiques du Kent ne comporte pas entre l'Aptien et l'Albien la même coupure que celle qui prévaut dans les régions plus méridionales. » (Lapparent, p. 1,046). D'où existence de la Manche occidentale et rupture de l'isthme.

126. **Campanien.** — La comparaison des faunes prouve l'existence d'une communication entre l'Atlantique et la mer du Nord. De plus, nous avons prouvé (90) un rivage nord-ouest s'appuyant sur l'anticlinal du Bray. Ce dernier rejoint le grand synclinal de la Manche. Nous devons donc admettre la rupture de l'isthme.

127. **Maestrichtien.** — Les dépôts maestrichtiens du Cotentin prouvent l'existence de la Manche occidentale. Ils n'ont pas le facies d'un fond de golfe. Le détroit coupait le Cotentin par Valognes.

128. **Eocène.** — Pendant la phase supérieure de chaque étage éocène, le détroit franco-belge disparait. Nous l'avons démontré. Par où la mer peut-elle pénétrer dans le Bassin de Paris ? Probablement par la Manche occidentale. Mayer-Eymar émet l'hypothèse suivante : Dans chaque sous-étage inférieur la mer monte dans le Bassin de Paris. Elle envahit la Suisse. Cette hypothèse peut être renversée. La mer monte de la Suisse dans le Bassin de Paris. Mais pour nous c'est aller chercher bien loin le domaine maritime quand l'Atlantique est si près. De plus, la communication franco-suisse est loin d'être démontrée de manière irréfutable.

129. **Sparnacien.** — Un isthme réunit la France et la Belgique (Sables d'Ostricourt). Aucun dépôt marin n'existe dans le Hamphsire. Cependant les eaux saumâtres envahissent le Soissonnais. Donc existence de la Manche occidentale et du détroit.

130. **Lutétien.** — Le canal armoricain se perd dans la Manche orientale. Si l'isthme anglo-français existe, nous devons constater un parallelisme complet avec tous les dépôts anglais. Est-ce bien la réalité de l'observation ? Dans tous les cas, le Lutetien supérieur révèle dans le Bassin de Paris, des épisodes saumâtres. La communication avec la Baltique étant supprimée, la mer vient incontestablement de la Manche occidentale.

131. **Bartonien.** — Un détroit réunit la France et la Belgique. La mer vient d'Angleterre. Le Hampshire communique avec le Bassin de Londres. La mer paraît parvenir dans le Bassin de Paris en contournant l'île de Douvres.

132. **Ligurien. Infratongrien.** — Toute communication est supprimée entre la Baltique et le Bassin de Paris, entre le Hampshire et Londres. L'existence de phases marines à Paris prouve l'existence de la Manche occidentale.

133. **Oligocène.** — L'Atlantique nord est émergée (Suess). L'émersion totale de la Manche est assez probable pendant les sous-étages supérieurs.

134. **Helvetien.** — Le canal armoricain est rétabli. Il ne constitue pas un cul de sac. Du moins rien ne le prouve actuellement. Très probablement il aboutit vers le nord dans la Manche occidentale.

135. — Incontestablement l'existence de la Manche occidentale et du détroit est prouvée pour certaines périodes. Celles-ci sont précisément des époques de grande émersion (Jurassique supérieur. Crétacé supérieur). A plus forte raison en est-il de même lors des grandes récurrences. Les preuves portent aussi sur des sous-étages supérieurs. Donc, elles valent aussi pour les correspondants inférieurs.

L'isthme et le détroit ont certainement subi des fluctuations. Leurs contours ont été maintes fois transformés. Aujourd'hui, ils sont démantelés. Il n'en reste plus rien. Leur restauration complète sera une des plus belles pages de la Paléogéographie.

CHAPITRE IX

Applications

136. **CAUSES D'ERREUR.** — Nous avons fait des erreurs. C'est entendu. Il est inutile de nous les reprocher. Les causes en sont nombreuses :

Erreurs de synchronisme des stratigraphes.

Erreurs provenant de l'absence de dénominations univoques dans les anciens auteurs.

Erreurs géographiques provenant de documents insuffisants. Dans un même département plusieurs localités portent souvent le même nom.

Mélange sous une même dénomination univoque de plusieurs formations distinctes. Quelle utilité peut avoir pour nous ces dénominations : Jurassique moyen, Crétacé inférieur ?

Absence complète d'analyse paléogéographique dans les mémoires stratigraphiques et paléontologiques.

Complexité de la bibliographie géologique. Est-il possible de remuer tant de documents sans faire des erreurs ?

137. **NOTATIONS.** — Toute étude stratigraphique doit être accompagnée d'une analyse paléogéographique. Pour plus de simplicité, le résultat est simplement consigné. Il est accompagné des numéros, pris sur nos tableaux, des principes invoqués. Exemple d'une coupe :

ÉTUDES STRATIGRAPHIQUES	ÉTUDES PALÉOGÉOGRAPHIQUES
4 Couche à bryozoaires	Eau claire 59.
3 Calcaire marneux fossilifère	Littorale 10, 11, 12, 64. Golfe 42, 68.
2 Sable azoïque à cailloux roulés	Courant 45.
1 Calcaire marneux à fossiles rares et à foraminifères	Eau profonde 53, 56.

Le résultat certain des analyses paléogéographiques devrait être porté sur les cartes géologiques détaillées. La notation suivante pourrait suffire pour commencer.

mc	marin, côte	*l*................	lacustre
ml[1]	marin, littoral peu profond	*fl*................	fluvio-lacustre
ml[2]	marin, littoral profond	*f*................	fluvial
mp	marin, pélagique	*t*................	terrestre
fme	fluvio-marin, estuaire	*etc*................	
fml	fluvio-marin lagune		

L'altitude ne doit jamais être oubliée. A cet égard, la notation de Lasne est recommandable. Les affleurements sont désignés en longitude, latitude et altitude prises sur la carte de l'état-major. Ces précautions sont indispensables pour l'étude des ridements de l'écorce terrestre.

138. **CARACTÉRISTIQUE DES ACCIDENTS.** — Les analyses paléontologiques doivent surtout porter sur la caractéristique des accidents topographiques. Nous appelons ainsi le fossile remarquable ou dominant qui caractérise un accident topographique à une époque donnée. La connaissance de cette caractéristique est la base de notre système de nomenclature. De plus, elle rend plus concrète et plus vivante la lecture des cartes.

139. **ÉTUDES ULTÉRIEURES.** — Pour être détaillée, l'étude paléogéographique d'une assise devrait être faite département par département. Il faut adopter une échelle générale. Celle de Guillier est trop petite. Nous recommandons l'échelle de 1/500.000. Elle est suffisante pour la restauration des plus petits accidents. Mais il est une nécessité importante. Un signe spécial désigne toujours la ligne des affleurements extrêmes. Le contrôle sur le terrain est toujours nécessaire.

Autres études :

— Indiquer, si possible, la nature des côtes : falaise sableuse granitique, crétacée ; en pente douce, calcaire ou argileux, etc.

— Reconnaître l'action exercée sur la cote. État de la mer.

— Influence des dépôts précédents dans la formation d'un dépôt considéré.

140. **CONCLUSION.** — Cet essai est incomplet. Il porte seulement sur les terrains secondaires et tertiaires. Une excuse justifie ses incorrections. L'ignorance totale du sujet au début de nos études. Nous arrivons les premiers dans la carrière. D'autres viendront après nous. Ils auront une base. Ils feront mieux. Nous en sommes certain. L'avenir est à eux.

TABLE DES ÉTAGES

TABLE ALPHABÉTIQUE

Les numéros en gros caractères correspondent aux numéros du texte. Les autres correspondent aux numéros des principes (analyse des formations).

TABLE DES MATIÈRES

Imprimerie A. Verger et E. Baret

83, Rue Lafayette, 83

www.ingramcontent.com/pod-product-compliance
Ingram Content Group UK Ltd.
Pitfield, Milton Keynes, MK11 3LW, UK
UKHW031937260826
14628UKWH00004B/1692